AF236388

Sebastian Thiel

Der Depression

davongelaufen

Ich will doch nur durchkommen

Impressum

Bibliografische Information der Deutschen Nationalbibliothek:
Die Deutsche Nationalbibliothek verzeichnet diese Publikation in der Deutschen Nationalbibliografie; detaillierte bibliografische Daten sind im Internet über http://dnb.dnb.de abrufbar.

© 2021 Sebastian Thiel

Herstellung und Verlag: BoD – Books on Demand, Norderstedt

ISBN: 9783754351925

Inhaltsverzeichnis

Vorwort

Im Dezember 2019 erkrankte ich an einer Depression. Bis dahin war ich 66 Marathons gelaufen und hatte an 20 Läufen, die länger als 42 Kilometer waren, teilgenommen. Außerdem war ich 20-mal bei einem Ironman Triathlon ins Ziel gelaufen, einmal bei einem Double-Ironman- sowie zweimal bei einem Triple-Ironman-Triathlon. Aber im Januar 2020 schaffte ich es gerade noch, viereinhalb Kilometer in 30 Minuten zu laufen. Drei Monate zuvor hatte ich mich zum Deutschlandlauf angemeldet. 1.300 km in 21 Tagesetappen standen auf der Ausschreibung.

Am 28. Juni 1988 trainierte ich das erste Mal für einen Marathon und schaffte drei Kilometer unserer Fünf-Kilometer-Runde, die vor der Haustür lag. Dann musste ich eine Gehpause einlegen. So ungefähr fühlte ich mich 31 Jahre später. Es würde ein weiter Weg werden, um den weiten Weg von Flensburg nach Lörrach zu bewältigen. Vor allem zählte alles, was ich bis dahin geleistet hatte, nicht mehr. Am Ende allerdings konnte ich feststellen, dass der erstere Weg der wichtigere war und ich das Ziel schon erreicht hatte, als ich in Flensburg am Start stand.

Sebastian Thiel

Dezember 2021

Vor und während der Depression

Lieber B.!

Heute habe ich mich zum Deutschlandlauf 2021 angemeldet. Wenn alles gut geht, starte ich am 22. August in Flensburg und komme 21 Tage später nach circa 1.300 Kilometern in Lörrach ins Ziel.

Zurück zu den Wurzeln könnte man sagen, nachdem ich nun vier Jahre vergeblich darauf gehofft habe, noch mal meine Schnelligkeit zu verbessern. Man könnte aber auch sagen, dass ich mich jetzt wieder meinen anderen Träumen widme, nachdem dieser eine Traum bis hierhin ziemlich jämmerlich zerplatzt ist. Das Schöne ist aber nicht immer nur dieses eine Ziel oder vielmehr dieser eine Traum, sondern für mich auch ganz besonders der Weg dorthin. Dieser Tatendrang, den man verspürt, wenn solche Dinge auf einen warten.

So habe ich mir für erste vorgenommen, jeden Monat etwas Besonderes zu machen. Das kann zum Beispiel ein Marathon oder ein Ultralauf sein. Ich will noch nicht zu viel verraten, hoffe aber, dass ich Dir regelmäßig davon berichte.

Den Entschluss zu diesem Vorhaben, habe ich übrigens letztendlich vor einer Woche beim Berlin-Marathon gefasst. Ein einfacher Marathon, mal lapidar gesagt, vor vier Jahren noch ein Kinderspiel, war dieses Jahr eine große Herausforderung. Ein durchwachsenes Jahr mit Kränklichkeiten, so vielen Zahnarztbesuchen wie selten zuvor und anderen Schwierigkeiten neigt sich langsam dem Ende zu. So war ich in diesem Jahr auch nur ein paar

Halbmarathons gelaufen und zweimal 25 Kilometer in Vorbereitung auf den Berlin-Marathon. Aber ich hielt meinen Schnitt von sechs Minuten pro Kilometer bis Kilometer 35, hatte dann ein paar Probleme mit meiner Einlage lief aber sicher ins Ziel; sicher mit dem Wissen, dass das Talent für langes und langsames Laufen noch in mir schlummert. Anja und auch ein paar Zuschauer feuerten mich am Ende an und riefen, dass ich noch locker aussehen würde. Wenn es von innen heraus vielleicht auch nicht mehr ganz so locker war, so tat es doch gut zu hören, dass es von außen noch so aussah. Neben der Wiederentdeckung meiner eigentlichen Fähigkeiten (wenn ich das mal so schreiben darf) war mir der Marathon auch so wichtig, weil sich mein Marathondebüt zum 30. Mal jährte. Vor 30 Jahren im Alter von 14 hat es 4:04 Stunden gedauert, bis ich im Ziel war, heute mit 44 knapp neun Minuten länger. Im Nachhinein war ich nur sehr traurig, dass ich meine Eltern bei ihrem Verpflegungspunkt bei Kilometer 40 nicht gesehen habe. Zum 21. Mal lief ich beim Berlin-Marathon Kilometer 40 entgegen und erwartete sie. Doch irgendwo waren sie beschäftigt. Danach haben sie erzählt, dass sie sich aus dem Helferleben zurückziehen wollen. Vielleicht verzichte ich daher und aus dem Grund, dass mir gerade zu Beginn das Gedränge zu groß war, im nächsten Jahr mal auf den Berlin-Marathon. Aber wie gesagt, es warten auch andere Dinge auf mich, und ich hoffe, Dir bald davon zu berichten.

Dein S.

Lieber B.!

Im ersten Monat war das Besondere, 21 Tage nacheinander zu laufen. Jeden Tag sollte das rund ein Sechstel der Distanz sein, die ich an den entsprechenden Tagen beim Deutschlandlauf vor mir habe. Ich habe zwischendurch Notizen gemacht, die ich Dir nun wiedergebe.

Tag 1 (So, 13. Oktober)

In den zwei Wochen nach dem Berlin-Marathon bin ich dreimal eine halbe Stunde gelaufen. Insofern fiel der erste Lauf über zehn Kilometer etwas schwer. Der Puls war etwas hoch, was aber vielleicht auch dem sonnigen und warmen Wetter geschuldet war.

Tag 2 (Mo, 14. Oktober)

Heute Abend zum Kino verabredet. Deshalb gleich nach der Arbeit gelaufen. Etwas besser, der Puls etwas niedriger. Trotzdem reichen mir die neun Kilometer, die auf dem Plan stehen.

Tag 3 (Di, 15. Oktober)

Sehr langsame zehn Kilometer. Langsam werden die Beine etwas schwerer. Doch der Puls geht weiter runter.

Tag 4 (Mi, 16. Oktober)

Heute Abend mit Anja zum Essen gehen verabredet. Deshalb gleich wieder nach der Arbeit gelaufen. Regen und nur noch 14 Grad. Mein Wetter. Allerdings nicht meine Beine da unten. Der erste Kilometer eine Katastrophe. Wie schon gestern. Aber wenn ich eingelaufen bin, geht es. Trotzdem merke ich, dass ich in trainingsreichen Wochen in der Regel meistens nach dem dritten Tag eine Pause eingelegt habe. Ich frage mich, werden die Beine jeden Tag etwas schwerer werden?

Tag 5 (Do, 17. Oktober)

Nachts vier Stunden geschlafen. Dann acht Stunden Arbeit. Nach Hause und eine halbe Stunde auf der Couch ausgestreckt. Danach weiter zum Zahnarzt. Heute ist ein wichtiger Tag. Werde ich meinen Plan einhalten können? Ja. Der Zahnarztbesuch ist kurz und auch nur kurz schmerzhaft. Ich schaffe es, noch vor Anbruch der Dunkelheit zehn Kilometer zu laufen. Sogar das Tempo ist für den Vorlauf vernünftig. Eine der größten Hürden dieser drei Wochen ist geschafft, denke ich.

Tag 6 (Fr, 18. Oktober)

Heute stehen nur acht Kilometer im Plan. Langsam, glaube ich, habe ich den Rhythmus des täglichen Laufens angenommen. Der Puls ist gut, das Tempo okay und das Loslaufen fällt auch nicht mehr so schwer.

Tag 7 (Sa, 19. Oktober)

Heute kommt Besuch. Deswegen muss ich früh laufen. Das fällt mir nach einer Woche Arbeit immer schwer. Dementsprechend ist der Puls wieder höher. Aber auch nach dem Lauf fällt er nicht so ab wie gewohnt. Gestern hatte ich leichtes Halskratzen. Das war heute erst vergessen, aber jetzt kommt doch der Gedanke, dass ein minimaler Infekt da sein könnte.

Tag 8 (So, 20. Oktober)

Ich fühle mich sehr bescheiden. Es ist auch wieder sonnig und warm. Ich schalte gleich den Pulsmesser ein, um nicht über 80 Prozent zu kommen. Das gelingt nur bei sehr langsamem Tempo. Mir wird bewusst, dass ich bei vielen Ultrawettkämpfen (wenn ich 24 Stunden oder länger unterwegs war) irgendwann im Eimer war und dass man dieses auch vorher einkalkulieren konnte. Über einen

Zeitraum von drei Wochen fit zu sein, ist noch mal ein ganz anderes Unterfangen. Mit „fit sein" meine ich nicht, dass ich täglich Glanzleistungen vollbringe, sondern einfach gesund zu sein. Insofern ist dieses Experiment, auch wenn ich täglich nur eine Stunde trainiere, schon ein guter Test.

Tag 9 (Mo, 21. Oktober)

11,6 Kilometer. Die bisher längste Distanz stand auf dem Programm. Die ersten fünf Kilometer bin ich noch sehr skeptisch, ob ich fit bin. Doch auf der zweiten Hälfte geht es viel besser. Der Puls hätte etwas niedriger sein können, doch für morgen habe ich eine Idee ...

Tag 10 (Di, 22. Oktober)

Heute standen zehn Kilometer auf dem Plan, und ich habe versucht, sie deutlich schneller zu laufen. Es klappt, denn ich war 40 Sekunden pro Kilometer schneller als gestern.

Tag 11 (Mi, 23. Oktober)

Halbzeit. Natürlich spüre ich, dass ich gestern schneller unterwegs war. Ich trotte wieder in meinem Sechser Schnitt dahin. Doch das ist kein Problem.

Tag 12 (Do, 24. Oktober)

Heute muss ich zum ersten Mal zwölf Kilometer laufen. Zweimal stehen zwölf Kilometer als längste Einheiten auf dem Plan. Natürlich hört sich das etwas lächerlich an, ob nun zehn oder zwölf Kilometer auf dem Plan stehen. Doch die zehn bis fünfzehn Minuten mehr können schon schmerzen. Zumal man jetzt um diese Jahreszeit noch mit der früh hereinbrechenden Dunkelheit kämpfen muss. Aber es gelingt mir. Zwölf Kilometer in 71 Minuten.

Tag 13 (Fr, 25. Oktober)

Heute zur Belohnung nur zehn Kilometer. Kein Problem und das Wochenende steht auch vor der Tür.

Tag 14 (Sa, 26. Oktober)

Ich besuche meine Eltern und laufe im Düppeler Forst. Schön, mal eine andere Runde zu drehen. Außerdem der zweite Zwölf-Kilometer-Lauf, den ich sogar auf 13 Kilometer ausdehne und auch etwas schneller absolviere.

Tag 15 (So, 27. Oktober)

Heute habe ich wegen des gestrigen Laufs wieder müdere Beine. Ich schleppe mich elf Kilometer auf meinen üblichen Wegen in Altglienicke herum.

Tag 16 (Mo, 28. Oktober)

Nur noch sechs Tage. 11,5 Kilometer etwas flotter sind kein Problem. Nieselregen dabei, ach, das ist auch einfach mein Wetter.

Tag 17 (Di, 29. Oktober)

Wieder zehn Kilometer. Wieder ein bisschen flotter. Jetzt könnte ich ewig weiter machen...

Tag 18 (Mi, 30. Oktober)

Heute habe ich etwas verpennt. Es wird dunkel, als ich loslaufe. Mich nerven die Lichter von Autos und auch Radfahrern. Früher haben die nicht so geblendet. Aber trotzdem keine Probleme auf den zehn Kilometern und der Puls ist sogar so niedrig wie noch nie in den letzten 18 Tagen.

Tag 19 (Do, 31. Oktober)

Heute nur neun Kilometer. Das habe ich verdient, finde ich. Ich laufe auch wieder eine Stunde früher los und komme so der Dunkelheit zuvor. Ich bin locker, aber schon ein bisschen angespannt wegen der kommenden zwei Tage.

Tag 20 (Fr, 1. November)

Auf der Heimfahrt von der Arbeit habe ich starke Zweifel, ob ich das Unterfangen tatsächlich morgen mit einem Marathon in Hamburg-Öjendorf beim 100-Marathon-Club beenden soll. Ich wollte 21 Tage nacheinander laufen und hätte das mit einem einstündigen Lauf heute und morgen auch vollbracht. Erst mal beschließe ich, heute statt zehn nur neun Kilometer zu laufen. Ich habe jeden Tag mein Soll erfüllt und oft ein paar Meter mehr gemacht. Ausruhen und mit Gelassenheit den morgigen Tag anzugehen, ist mir wichtiger.

Tag 21 (Sa, 2. November)

In den letzten Jahren habe ich zu viele Vorhaben frühzeitig abgebrochen. Daher raffe ich mich auf. Der Wecker klingelt um fünf Uhr. Um kurz vor sechs sitze ich im Auto und freue mich auf eine gemütliche Fahrt mit Kaffee und Brötchen. Doch es regnet und bis Neuruppin folgt Baustelle auf Baustelle. Erst danach wird es, wie ich es mir vorgestellt habe und ich freue mich, dass ich unterwegs bin. Um kurz nach acht Uhr bin ich am Öjendorfer See, bekomme meinen Chip für die Zeitmessung, aber keine Startnummer. Die hat einer zu Hause vergessen. Es ist mein fünfter Start hier beim Marathon-Club und es ist wie immer. Ein paar Verrückte treffen sich an einem Samstagmorgen, an dem man so viele andere schöne Sachen machen könnte. Zwischendrin auch immer ein paar Normale, die sich bestimmt fragen, wo sie hier hingeraten sind. Neben vielen Fragen, die ich mir vor dem Deutschlandlauf noch stellen werde, ist eine jetzt schon, wie ich mit den anderen Teilnehmern auskommen werde. Marathonsammler, Ultraläufer und Triathleten sind mitunter sehr spezielle, sehr eigene Menschen. Und ich weiß, dass ich auch dazu gehöre; in dem Sinne, manchmal sehr eigen zu sein.

Der Start erfolgt um neun Uhr. Noch ist es trocken und ein paar Grad wärmer als in den letzten Tagen. Ich bin zu warm angezogen. Aber als es nach einer halben Stunde zu regnen anfängt und nicht mehr aufhört, bin ich froh über das wärmere Laufhemd. Es gibt genügend Stellen, an denen man den Pfützen nicht ausweichen kann. Nach einer Weile ist der Weg schön aufgeweicht. Trotzdem laufe ich konstant knapp unter sechs Minuten pro Kilometer. Schneller als an manchen Tagen, in den letzten drei Wochen. Bis Kilometer 15 geht es gut, da war ich mir auch sicher. Doch lange Strecken habe ich ja nun gar nicht trainiert und auch nicht mehr so in petto wie in früheren Jahren. Aber ich erreiche die Halbmarathonmarke nach 2:03 Stunden und werde auch bis Kilometer 34 nicht langsamer. Erst die letzten beiden der elf Runden werden mühsamer. Ich kann mich auch nicht mehr motivieren. Trost ist aber, dass ich keine Gehpausen machen muss. Ich trotte dem Ziel entgegen, sicher, dass ich schneller als beim Berlin-Marathon sein werde, aber auch viel zu kaputt, um mich über das Erreichen des Ziels hier und des Ziels meiner dreiwöchigen Laufperiode zu freuen. Nach 4:11 Stunden habe ich es geschafft. Möglicherweise hat es keiner mitbekommen. Die Helfer und Zeitmesser sitzen in ihrem Wohnmobil. Keiner hat mehr Lust bei dem Regen draußen zu sein. Aber ich schüttele mich doch noch kurz, bin etwas stolz, jetzt hier zu sein und es geschafft zu haben.

In Berlin angekommen streite ich allerdings mit Anja. Ich, der Super-Held, komme nach Hause. Aber sie hat ja auch ihren Alltag, ihr Wochenende, ihre Zeit gehabt. Es dreht sich nicht um mich und ich bin sauer. Meine Eltern fragen am nächsten Tag auch nur kurz nach dem Marathon, meine Geschwister gar nicht und Freunde kriegen es teilweise nicht mehr mit, was ich sportlich genau mache. Es stimmt mich schon traurig, dass ein Marathon in meinem Umkreis so unbedeutend geworden ist. Nur Henrik fragte heute genauer nach und ist bisher neben Anja auch der Einzige, der vom Deutschlandlauf weiß. Aber es ist wie es ist und es macht mich glücklich, solche Pläne zu haben und in die Tat umzusetzen. Diese Erlebnisse hallen lange nach.

Was mir nun das Ganze in Bezug auf den Deutschlandlauf bringt, werde ich vielleicht erst in knapp zwei Jahren wissen. Zehn Kilometer sind mit 60 Kilometern nicht zu vergleichen. Aber die Stunde täglichen Laufens musste ich in den Alltag integrieren und nach einem achtstündigen Arbeitstag schaffen. Dort habe ich ja eigentlich nicht mehr zu tun, als jeden Tag schätzungsweise zwischen sieben und zehn Stunden zu laufen...

Dein S.

Berlin, den 25. November 2019

Lieber B.!

Das Besondere in diesem Monat sollte sein, dass ich zweimal an zwei Tagen nacheinander einen Halbmarathon laufe. Sonntags, acht Tage nach dem Marathon, lief ich den ersten Halbmarathon. Ich war gut drauf, auch schneller als erwartet, aber nach 13 Kilometern hatte ich einen Blackout.

Mir wurde schummerig, ja teilweise schwindelig. Ich musste Gehpausen einlegen. Vermutlich lag es an fehlendem Trinken. Ich bin da immer noch zu blauäugig. Morgens zwei Tassen Kaffee und zwei Gläser Wasser, und dann laufe ich halt los. Nach 2:09 Stunden war ich wieder zu Hause und etwas irritiert. Am nächsten Tag startete ich behutsam. Es geschah genau das Gegenteil. Nach 13 Kilometern fühlte ich mich besser, sicherer und konnte noch etwas zulegen, sodass ich mit der exakt gleichen Zeit nach Hause kam.

Leider war ich eine Woche später gar nicht gut drauf und beließ es sonntags bei acht Kilometern. Am Montag startete ich völlig unmotiviert, und als ich nach zwei Kilometern den Puls sah, wusste ich auch, dass etwas nicht stimmt. Ich wurde zwar nicht richtig krank, aber immer wieder hatte ich Hals- und Ohrenschmerzen. Heute nun lief ich das erste Mal wieder nach einer einwöchigen Pause. Aber von einem Halbmarathon bin ich vorerst noch ein bisschen weg. So ist das besondere Vorhaben in diesem Monat also gescheitert. Aber wie wichtig Gesundheit ist und wie wichtig es vor allem auch ist, sich gesund zu fühlen, habe ich in diesem Jahr zu oft gespürt.

Dein S.

Berlin, den 3. Dezember 2019

Lieber B.!

Ich weiß nicht, was los ist. Heute stand ich bei der Arbeit gegen Ende der Entladung wie immer auf der Rampe und beaufsichtigte die 30 Arbeiter, die die Pakete von den Lkws auf die Bänder packen. 30.000 Pakete in drei Stunden. Das hört sich nach Akkordarbeit an, ist aber für einen jungen, gesunden Menschen gut zu schaffen. Damit die Entlader aber nicht zu viel Zeit vertrödeln, stehe ich eben da als Schichtleiter. Was keiner merkte, ich konnte mich kaum auf den Beinen halten. Immer wieder griff ich nach dem Geländer, das sich zwischen den Bändern befindet. Mir war schwindelig und gleichzeitig überfiel mich so etwas wie ein Tatterich.

Um acht Uhr war endlich die erste Entladewelle geschafft. Bis zur zweiten haben meine Kollegen und ich eine Stunde Zeit, während der ich in der Regel vor dem Computer sitze und den Morgen auswerte. Aber es rauschte in meinen Ohren und die Buchstaben und Zahlen auf dem Bildschirm tanzten nur. Ich sagte, dass es mir nicht gut ginge und meldete mich ab.

Ich fuhr direkt zum Arzt bei mir um die Ecke. Bis zu meiner Hausärztin nach Steglitz schaffte ich es nicht, denn 30 Minuten mit dem Auto oder 60 Minuten mit der Bahn waren nicht drin. Hier habe ich einen Arzt, der den gelben Zettel schon in der Hand hielt, während ich noch vom Schwindel und den Ohrenschmerzen erzählte. Gut, dachte ich, Hauptsache eine Woche Ruhe. Ich hoffe, das hilft.

Dein S.

Berlin, den 10. Dezember 2019

Lieber B.!

Zwei Tage nachdem ich mich habe krankschreiben lassen, wollte ich oben bei Rewe auf dem Berg einkaufen gehen. Schon der Weg von 500 Metern forderte mich, aber ich hatte wenigstens Luft. Im Laden war es mit der Luft schlechter. Ich musste mittendrin stehen bleiben. Ich wusste nicht weiter. Ich zitterte am ganzen Leib, hatte einen

Schweißausbruch, das Herz raste. Ich hielt mich lange einfach am Einkaufswagen fest. Irgendwann konnte ich weiter.

Tags darauf wollte ich um die Ecke zur 200 Meter entfernt gelegenen Post. Da half es mir nicht, dass ich an der Luft war. Auf der Hälfte des Weges musste ich wieder stehen bleiben. Ich kam nicht weiter, zitterte wieder am ganzen Körper und wackelte wie jemand, der von einem Sturm geschüttelt wird. Aber ich trotzte. Darauf bin ich im Nachhinein stolz. Irgendwann konnte ich weitergehen, stand in der Post, riskierte, dort aus den Latschen zu kippen, aber ich wollte nicht aufgeben. Ich erledigte, was ich erledigen wollte, schwankte nach Hause und lag den Rest des Tages und das Wochenende auf der Couch.

Heute wurde ich noch mal für drei weitere Tage krankgeschrieben und hoffe, dass ich danach und bis Weihnachten wieder fit bin. Nach dem Arztbesuch fuhr ich zu meinen Eltern und habe versucht, dort im Wald in aller Ruhe ein bisschen zu laufen. Aber fünf Kilometer lang war nahezu jeder Schritt von größter Unsicherheit geprägt. Mit Absicht lief ich äußerst gemächlich. Trotzdem schwankte ich von links nach rechts. Der Puls war auch etwas hoch. Ich muss Ruhe finden, aber ich finde sie nicht. Auf dem Krankenschein steht übrigens: Erschöpfungszustand.

Dein S.

Berlin, den 23. Dezember 2019

Lieber B.!

Vorgestern, am Samstag, war um 3.30 Uhr Schichtbeginn. Schon eine Stunde vorher beim Kaffee kochen zu Hause in der Küche hatte ich einen Schweißausbruch. Aber ich musste nur diesen Tag überstehen. Dann, so wusste ich, kann ich mich ausschlafen, denn Weihnachten und fünf freie Tage stehen vor der Tür. Ich schaffte es nicht.

Nach zwei Stunden, während ich die Anwesenheit aller circa 50 Mitarbeiter kontrollierte, ging nichts mehr. Mir war so schwindelig, dass ich jeden Moment den Boden unter den Füßen zu verlieren schien. Am Ende der Hallen 100 Meter von meinem Büro entfernt setzte ich mich und kam eine Viertelstunde lang nicht mehr hoch. Ich musste weg, ich musste nach Hause. Doch wie? Ein Lkw-Fahrer kam vorbei, konnte mich aufsammeln und vorne wieder absetzen. Ich hangelte mich am Geländer die Treppen hoch und saß noch etwa eine halbe Stunde im Büro, bevor ich losging. Irgendwie kam ich am Auto an.

Die Heimfahrt war Horror. Versagen meine Kräfte, die Beine, die Arme, das Herz? Bleibt mir der Atem weg? Wäre es nicht etwa sechs Uhr am Samstagmorgen gewesen und kaum ein Auto unterwegs, ich hätte diese Fahrt nicht geschafft. Ich verschlief den Rest des Tages und ich verschlief den Sonntag. Heute war ich wieder bei dem Arzt um die Ecke. Auf dem Weg dorthin zeigte meine Uhr einen Puls von bis zu 140 an. Doch ich kam gar nicht dazu, ihm etwas davon zu erzählen. Sein Desinteresse an meinem Gesundheitszustand war erschütternd. Er hatte den gelben Zettel quasi schon ausgefüllt, bevor ich den Raum betreten hatte. Aber egal, erst mal wieder Ruhe.

Dein S.

Berlin, den 29. Dezember 2019

Lieber B.!

Ich hoffe, Du hattest schöne Weihnachtsfeiertage.

Wir fuhren Heiligabend zu Anjas Eltern. Tags zuvor hatte ich es wenigstens noch geschafft, die Geschenke zu verpacken. Nachmittags nach dem Kaffeetrinken gingen wir eine Runde spazieren. Ich hing wie ein alter Mann an Anjas Arm und hatte zwischendurch starke Zweifel, ob ich die Runde überhaupt schaffe. Wieder fühlte es sich an, als ob der Puls bei 150 lag. Am ersten Weihnachtsfeiertag waren wir essen. Als wir vor dem Restaurant auf Anjas Bruder warteten, ging es mir noch einigermaßen gut. Aber mit der Zeit schwankte ich wieder mehr. Im Restaurant dann lähmten mich zeitweise Schwindel und Unwohlsein so sehr, dass ich nur mit allergrößter Mühe und Not sitzen bleiben konnte.

Vorgestern habe ich zu Hause etwas Gymnastik gemacht. Aber auch dabei raste der Puls. Nun versuche ich wirklich mal, einfach gar nichts zu machen. Denn ich bin ja krank. Aber was habe ich? Wo liegt der Fehler? Geht es wieder bergauf? Habe ich den Tiefpunkt erreicht? Nahe liegt oder vielmehr hat meine Ärztin mir schon geraten, alles einmal umzukrempeln am besten mithilfe eines Therapeuten. Ich denke, das werde ich tun und bin gespannt, was ich Dir beim nächsten Mal berichte.

Viel liest und hört man ja mittlerweile vom Burn-out-Syndrom oder von Depressionen. Ich weiß nicht, inwieweit ich darin stecke. Aber ich weiß, was ich nicht mehr möchte. Als Anja vor ein paar Tagen ein Abendessen vorschlug, war mein Gedanke dazu: Wer weiß, ob ich das noch erlebe? Das Gefühl, dem Sterben näher als dem Leben zu sein, war einfach da. Es tat sehr gut, dass wir dieses Essen dann vorgestern auf dem Tisch stehen hatten. In diesem Sinne, drück mir die Daumen für den Weg bergauf, auch wenn er beschwerlich sein mag.

Berlin, den 2. Januar 2020

Lieber B.!

Heute bin ich zu meiner Hausärztin gefahren. Die Autofahrt nach Steglitz habe ich in einer halben Stunde gut gepackt. Der Weg von fünf Minuten vom Auto bis zur Praxis gelang mir auf wackligen Beinen. Ich kann es kaum beschreiben, wie es ist, wenn dir alles ein bisschen surreal vorkommt: die Menschen, der Verkehr. Ich schaue mir alles an, alles schaut zurück. Aber sieht man mir an, wie es mir geht? Sieht man mir an, dass alles wackelt und schaukelt? Ich bin krank, ja schon, aber was zum Teufel ist das?

Meine Ärztin ist im Urlaub, ich habe mich jedoch bei ihrer Vertretung gut aufgehoben gefühlt. Neurologisch alles gut, sagte sie. Dann ließ sie ein EKG machen, das ihr nicht gefiel. Also ging es weiter zum Ultraschall. Die Kardiologin sagte, ich hätte das beste Herz, das ihr seit langem untergekommen sei. Das beruhigt mich natürlich. Aber es reicht nicht aus.

Bei meinen letzten Läufen Anfang Dezember hatte ich immer wieder das Gefühl, dass mein Herz rasen würde. Einmal sogar habe ich gestoppt, weil ich dachte, dass es sich gar nicht mehr beruhigt. Ich schaute auf die Uhr und

sah, wie der Puls sich steigerte von 160 auf 170, 180, 190…
Aber ich ging gerade und weiß ja, wie sich ein Puls von
190 bei einem Zehn-Kilometer-Lauf anfühlt… Dann merkte ich, dass ich den Kalorienzähler betrachtete, schaltete
einen Knopf weiter und sah, dass der Puls bei 140 war…
Kopfschüttelnd begann ich wieder zu laufen.

Trotz der Aussage der Kardiologin ordnete meine Ärztin noch ein Langzeit-EKG an. Allerdings bekam ich dafür
erst Mitte Februar einen Termin. Auf der Krankschreibung
steht jetzt: Verdacht auf Herzrhythmusstörung.

Dein S.

Berlin, den 8. Januar 2020

Lieber B.!

Ich fühlte mich noch nicht bereit zum Arbeiten und saß
heute stattdessen vor meiner Ärztin. Sie fragte, ob ich
einverstanden sei, ein paar Fragen hinsichtlich einer Depression zu beantworten. Klar war ich das, ich will ja
gesund sein. Das Ergebnis: eine leichtgradige Depression.
Beruhigt mich das? Beunruhigt es mich? Auf jeden Fall
beginnt jetzt die Suche nach einem Psychotherapeuten.

Den ersten Lauf in diesem Jahr habe ich übrigens vor
vier Tagen gemacht: Viereinhalb Kilometer in 30 Minuten.
Das hätte ich früher, also vor ein bis zwei Monaten, gar
nicht als Training gezählt. Den Pulsmesser lasse ich erst
mal weg.

Dein S.

Berlin, den 11. Januar 2020

Lieber B.!

Heute habe ich 5,5 Kilometer geschafft. Ich muss einfach raus und es probieren. Aber der Schnitt lag bei etwa sieben Minuten pro Kilometer. Außerdem laufe ich immer noch mit totaler Verunsicherung und frage mich bei jedem Schritt, ob ich den nächsten auch schaffe. So nahm ich mir immer nur vor, bis zur nächsten Ecke oder Gabelung zu kommen, wo ich dann eine Gehpause machen könnte. Zwar kam ich schließlich ohne Gehpause durch, doch wenn man auf dieser Strecke etwa 4.500 Schritte gemacht hat und sich also 4.500-mal gefragt hat, ob man noch einen weiteren Schritt schafft, kannst Du Dir die Erschöpfung am Ende vorstellen.

Dein S.

Berlin, den 20. Januar 2020

Lieber B.!

Vor vier Tagen kurz vor Anjas Geburtstag hatte ich ein erstes Erfolgserlebnis. Ich lief sechs Kilometer im Schnitt von 6:20 Minuten pro Kilometer.

Dann feierten wir ihren Geburtstag und es ging mir gut. Gegen 22 Uhr saßen wir noch zu acht um den Wohnzimmertisch. Ich trank einen Schluck von meinem zweiten Bier, jemand machte einen Witz, ich musste lachen und verschluckte mich. Um nicht auf den Tisch zu prusten, sprang ich auf, rannte vier, fünf Schritte in die Küche, aber da am Spülbecken angekommen, setzt die Erinnerung aus … und wieder ein – nach vermutlich fünf Sekunden – als ich auf dem Boden lag.

Ich kam mir vor wie im Film; in einem sehr schlechten Film. Erst hörte ich nur die Stimmen, die mich riefen und fragten, was los sei. Dann dachte ich mir, ich sollte wohl die Augen aufmachen und sagen, dass alles okay sei. Allerdings war ja nichts okay, aber zu dolle Sorgen sollten sie sich auch nicht machen. Ich sah Anjas sorgenvollen Blick und den ihrer Cousine. Ich richtete mich auf, blieb aber auf dem Küchenboden sitzen. „Keine Ahnung", sagte ich. „Verschluckt, zum Spülbecken gerannt und nun liege ich hier."

Anjas Tochter rief einen Krankenwagen. Der Notarzt meinte, durch das Verschlucken und das schnelle Aufspringen, war mein Gehirn kurzzeitig mit Sauerstoff unterversorgt und ich umgekippt.

Das bestätigte auch meine Ärztin heute. Durch meinen fragilen Allgemeinzustand wahrscheinlich noch ein bisschen schneller hervorgerufen, hätte das aber durchaus auch einfach so passieren können. Das Problem ist natürlich, dass die totale Verunsicherung zurückgekehrt ist. Ich bin noch mal fünf weitere Tage krankgeschrieben.

Dein S.

Berlin, den 27. Januar 2020

Lieber B.!

Was ist Zufall und welche Verbindungen ergeben sich manchmal im Leben? Über Yoga und Meditation habe ich mich früher manchmal etwas lustig gemacht. Ich glaube, auch in einigen Briefen an Dich habe ich es eher belächelnd beschrieben wie zum Beispiel damals die Sprüche beim 24-Stunden-Lauf in Weißensee. Aber um die innere Unruhe in den Griff zu bekommen, habe ich in der vergangenen Woche Meditation entdeckt und zulassen können. Ich habe einen Zustand der Entspanntheit erreicht, wie ich ihn vielleicht seit Monaten nicht mehr gespürt habe. Zwar hält er nicht dauerhaft an, aber in extremer Anspannung kann ich ihn wieder abrufen. „Ich tue genug, ich habe genug, ich bin genug", ist ein Mantra, das ich gelernt habe. Zweimal bin ich letzte Woche auf dem Mauerweg gelaufen, immer nahe am Wegesrand und in der Gefahr vom Asphalt auf den Rasen abzurutschen, weil ich mich nicht gerade halten kann. Dann dachte ich an dieses Mantra, sagte es mir auf und fühlte mich in dem Moment besser. So habe ich mich heute bei einem Lauf im Düppeler Forst auf sieben Kilometer in einer Dreiviertelstunde steigern können.

Die tägliche Verzweiflung ist trotzdem oft genug noch da. Als ich es vor einigen Tagen kaum noch aushielt und in meiner Wohnung auf und ab lief, klingelte das Telefon. Ein Therapeut rief mich zurück. Unzähligen hatte ich auf den Anrufbeantworter gesprochen. Nun habe ich einen Termin.

Dein S.

Berlin, den 3. Februar 2020

Lieber B.!

Seit drei Tagen gehe ich wieder arbeiten. Ich habe eine gewisse Sicherheit zurück, die sich auch in einem weiteren Lauf über sieben Kilometer und in einem über knapp neun Kilometer widerspiegelt. Das sind zurzeit meine Erfolge. Das gleichbleibend gemächliche Tempo zwischen sechseinhalb und sieben Minuten pro Kilometer ignoriere ich noch oder nehme es als im Moment gegeben hin.

Außerdem wird morgen endlich das Langzeit-EKG gemacht. In zwei Wochen erfahre ich das Ergebnis davon, und wenn ich dann auch meine ersten Therapiestunden hinter mir habe, wird hoffentlich der Weg geebnet sein, damit ich im nächsten Brief an Dich wieder mehr von sportlichen Fortschritten schreiben kann.

Dein S.

Berlin, den 5. Februar 2020

Lieber B.!

Der Therapeut hat heute eine Angststörung diagnostiziert und mich zu einer Kollegin weitergeschickt, die das gut zu behandeln weiß. Noch vor dieser Diagnose habe ich natürlich immer und immer wieder selbst nach Antworten gesucht. Dass es nur der Kopf, nur die Psyche ist, wollte ich mir lange nicht eingestehen und kann es vielleicht immer noch nicht. Im Januar war ich auch bei zwei verschiedenen Zahnärzten, weil ich immer wieder Schmerzen hatte, deren Ursache keiner herausfand. Wahrscheinlich zermalme ich mir im wahrsten Sinne des Wortes nachts im unruhigen Schlaf die Zähne.

Vor Kurzem las ich auf jeden Fall einen Artikel über die Midlife-Crisis. Und sei es nun eine Angststörung, wie der Therapeut sagt, sei es eine Depression wie am Anfang diagnostiziert wurde, sei es ein Burn-out, wie man es heutzutage öfter hört oder sei es eine deftige Midlife-Crisis. In diesem Artikel stand ein schöner Satz, der mich sehr aufgebaut hat und es noch immer tut: Wenn es überstanden ist, geht es einem so gut wie nie zuvor.

Dein S.

Berlin, den 17. Februar 2020

Lieber B.!

Heute habe ich das Ergebnis meines Langzeit-EKGs erhalten. Es ist nicht alles gut. Es gibt einen Verdacht auf Vorhof-Flimmern. Das ist bei Ausdauersportlern nicht ungewöhnlich und sollte bei einer Wiederholung des EKGs in sechs Wochen in Ordnung gekommen sein, das heißt sich wieder gelegt haben. Aber inzwischen kann ich schon wieder zehn Kilometer und ein bisschen mehr laufen. Ich habe mit einem Marathon Anfang Mai geliebäugelt. Zwar fühle ich mich auch dank meiner Therapie nicht mehr so unsicher, aber dieses Ergebnis lähmt mich gerade dabei, größere Pläne zu schmieden. Ich muss wohl weiterhin erst mal gucken, was am jeweiligen Tag gerade geht.

Dein S.

Berlin, den 11. April 2020

Lieber B.!

Wir stecken in der Corona-Krise. Ich bin unglaublich froh, zwei Wochen Urlaub zu haben. Man wird ja verrückt gemacht, weil jeder dazu seine ganz eigene Meinung kundtun muss. Nach und nach werden alle Laufveranstaltungen abgesagt. Genauso wie der Termin zur Wiederholung meines Langzeit-EKGs. Doch ich kann durchschnaufen. Die Therapie ist manchmal eine Herausforderung und natürlich tut sie auch gut. Man sieht Dinge klarer und deutlicher. Anfangs musste ich ein Ziel formulieren: Dreimal in der Woche zehn Kilometer in einer Stunde laufen können, mehr möchte ich gar nicht. Doch natürlich möchte ich inzwischen auch wieder mehr. Da man wegen der Corona-Krise jetzt sowieso nicht viel planen kann, plane ich mein eigenes Rennen. Zum Geburtstag habe ich mir ein neues Laufbuch gewünscht: „Effizient laufen". Daraus habe ich mir Einheiten zusammengesucht, einen 12-Wochen-Plan geschmiedet und meinen Marathon auf den 5. Juli festgelegt.

Dein S.

Nach der Depression

Berlin, den 11. Mai 2020

Lieber B.!

Was für ein geiler Lauf! 13 Kilometer, ohne einmal auf die Uhr zu gucken. Am Ende ein sehr passabler Schnitt für meinen derzeitigen Trainingszustand und fünf Minuten schneller, als ich mir zwischendurch überlegt hatte. Das ganze bei acht Grad und Regen. Mitte Mai.

Über alles, was sich sonst ereignet hat, hoffentlich bald mal mehr. Aber 13 Kilometer im Regen einfach nur laufen und genießen: Ich bin schon wieder nah dran an dem, was ich will und was mich glücklich macht.

Dein S.

Berlin, den 19. Mai 2020

Sei geduldig mit dir selbst!

Berlin, den 8. Juni 2020

Lieber B.!

Ich erinnere mich, dass ich Dir 1997 während meines Zivildienstes aus Usingen geschrieben habe, dass mich manchmal Ereignisse, die auf der Welt geschehen, in einer Art und Weise erschüttern, dass ich sie nicht nahe an mich heranlasse, um sie überhaupt zu ertragen. Aus diesem Grund verblassen sie dann und das Erinnern an sie fällt schon nach kurzer Zeit schwer. Aber das schlechte Gewissen plagt einen und um einerseits gegen sein eigenes schlechtes Gewissen anzukommen und um andererseits auch mit diesen Dingen klarzukommen, muss man schwimmen, Rad fahren und laufen so weit und so lange es überhaupt geht.

Das jüngste Ereignis in dieser Hinsicht ist die Corona-Krise, das Covid-19-Virus oder wie auch immer man das alles, was seit gut drei Monaten passiert, bezeichnet. Ich glaube, aus diesem Grund habe ich Dir so wenig geschrieben, obwohl sich doch in meinem (sportlichen) Leben einiges getan hat.

Wenn ich Dir schreibe, sollte ja immer ein sportliches Ereignis im Mittelpunkt stehen. Eines davon habe ich letzte Woche zusammen mit Rupert erlebt. Wir haben eine dreitägige Deutschland-Tour auf dem Fahrrad unternommen. Im Herbst hatten wir uns unterhalten, was wir in diesem Jahr zusammen machen könnten. Letztes Jahr sind wir beim Spreewald-Radmarathon über 200 Kilometer mitgefahren, im Jahr davor beim Rennen Eschborn-Frankfurt durch den Taunus. Da es wegen der Corona-Krise solche Rennen zurzeit nicht gibt und auch im Hinblick auf meinen Lauf, schlug ich vor, in drei Tagen von Berlin nach Walldorf zu unserer Schwester zu fahren. 600 Kilometer aufgeteilt in Etappen à 250, 200 und 150 Kilometer.

Wochenlang hatten wir bestes Wetter, aber für unsere drei Tage war schlechtes Wetter vorausgesagt. Trotzdem starteten wir am Donnerstag zur ersten Etappe. An den Rennrädern hatten wir nur eine Satteltasche, in der Wäsche für den Abend war. Die Radklamotten wollten wir abends auswaschen und hofften, dass sie am nächsten Tag wieder trocken sein würden.

Die Voraussetzungen konnten ungleicher nicht sein. Schon bei den Radrennen in den letzten beiden Jahren war

Rupert deutlich schneller als ich gewesen. Nun aber war das Ungleichgewicht durch meine Krise noch erheblicher. Im Januar, als ich meinen ersten vorsichtigen Lauf über viereinhalb Kilometer gemacht hatte, unternahm ich am nächsten Tag eine kleine Radtour. Ich fuhr auf dem Mauerweg einmal am Teltowkanal hin und zurück. Da kann nicht viel passieren. Aber mich kostete es schon enorm viel Kraft, nur geradeaus zu fahren. Ein paar Mal war ich so unsicher, dass ich stehen bleiben wollte, bevor ich mit dem Rad umfallen würde. Doch ich überwand mich. Denn ich hatte das Gefühl, wenn ich es nicht schaffte, mit dem Rad einfach nur ein Stück geradeaus hin- und zurückzufahren, dann würde ich in Zukunft noch viel mehr Probleme im Alltag und mit allem haben. So fuhr ich an diesem Tag im Januar 15 Kilometer in einem Schnitt von 22 km/h. Du weißt, ab Ende Januar ging es wieder aufwärts, aber bis in den März hinein setzte ich mich trotzdem nur auf den Hometrainer. Ende März und Anfang April fuhr ich dann jeweils etwas über 20 Kilometer in einem ähnlichen Schnitt, war aber immer noch sehr unsicher und wacklig auf dem Fahrrad. Danach traute ich mich das erste Mal, mit dem Rennrad zu fahren. So trafen Rupert und ich uns auch zu Ostern bei unseren Eltern. Ich war von zu Hause aus dorthin gefahren und stolz auf die Radtour über 35 Kilometer in einem Schnitt von etwa 26 km/h, während er am Vormittag eine 90-Kilometer-Radtour mit einem Schnitt von über 30 km/h unternommen hatte.

Also blieb ich in seinem Windschatten, als wir um sechs Uhr starteten. Wir hatten Glück, denn am Donnerstag regnete es noch kaum. Wir kamen bis zur Elbe gut voran, machten zweimal eine etwas längere Pause und erreichten

Sömmerda nach 248 Kilometern in einer Fahrzeit von 9:47 Stunden. Das Bier abends schmeckte hervorragend.

Am Freitag aber schafften wir unser Soll nicht. Statt bis in den Spessart nach Steinau an der Straße kamen wir nur bis Roßbach. Statt 200 Kilometer fuhren wir nur 150, brauchten dafür aber auch fast sieben Stunden, denn es regnete oft und war maximal 15 Grad warm. Sicherlich spielte auch meine Fitness eine Rolle, aber die äußeren Umstände machten es uns eben auch nicht leicht. Um dann am Samstag bei unserer Schwester in Walldorf pünktlich einzutreffen, fuhren wir morgens mit dem Zug bis Frankfurt und von dort noch einmal 100 Kilometer, für die wir etwas mehr als viereinhalb Stunden unterwegs waren.

Wenn ich an die ersten flachen Kilometer bis zur Elbe denke und dann an die Weinberge rund um Heidelberg, habe ich schon einen kleinen Eindruck einer Deutschlandreise. Insofern war es eine schöne Testfahrt im Hinblick auf den Deutschlandlauf. Aber zum Glück habe ich noch über ein Jahr Zeit, um fitter zu werden.

Dein S.

Berlin, den 23. Juni 2020

Lieber B.!

Gestern habe ich das Ergebnis der Wiederholung meines Langzeit-EKGs erhalten. Wenn Du Dich erinnerst, im Februar wurde es gemacht und es hatte Anzeichen für ein Vorhofflimmern gegeben. Nicht schlimm, aber es belastet, wenn man mental nicht in Höchstform ist. Die Tage bis zur Wiederholung im April hatte ich gezählt. Dann kam der Anruf, dass das Langzeit-EKG wegen der Corona-

Krise verschoben werden muss. Nun hatte ich letzte Woche endlich den Termin und in den Tagen zwischen Messung und Auswertung war der Kopf doch wieder schwer belastet. Man weiß erst, wie fit man mental ist, wenn man es nicht mehr ist. Aber zu guter Letzt ist jetzt alles in Ordnung. Es war kein Vorhofflimmern mehr zu erkennen und es gibt keinen Verdacht mehr darauf. Da jetzt auch meine Therapeutin drei Wochen im Urlaub ist, habe ich mal drei Wochen keinen Termin wegen Gesundheit oder Psyche. Ich hoffe, ich feiere das bald mit dem ersten Marathon des Jahres.

Dein S.

Berlin, den 6. Juli 2020

Lieber B.!

Gestern bin ich zum ersten Mal im Training einen Marathon gelaufen. Davor war ich außerhalb eines Wettkampfes nie weiter als 36 Kilometer gelaufen, auch nicht in Vorbereitung auf einen Ultralauf. Es war aber eben nicht nur mein erster Trainingsmarathon, sondern auch der erste Marathon nach der Depression, dem Burn-out, der Angststörung oder was auch immer es war und immer noch ist.

Die Etappen der Radtour vor vier Wochen mit Rupert hatten wir auf komoot geplant. Dieses Planen habe ich danach auch fürs Laufen übernommen. Statt immer wieder die gleichen Strecken zu laufen, bin ich dadurch vor zwei Wochen zum ersten Mal 25 Kilometer über Grünau, Schmöckwitz und Eichwalde gelaufen. Diese Runde hatte ich auf 21 Kilometer verkürzt, damit Anja mich in der zweiten Runde mit dem Fahrrad von zu Hause aus begleiten konnte. Letztes Wochenende war ich 30 Kilometer gelaufen und wegen der Hitze morgens um 6 Uhr gestartet. Gestern sollte es zwar auch 27 Grad werden, aber bewölkt bleiben, sodass ich acht Uhr als Startzeit wählte. Ende November, kurz vor meiner Krise, hatte ich mir übrigens in Anbetracht der Dinge, die ich mir für die nächste Zeit vorgenommen habe, einen Trinkrucksack gekauft. Zum ersten Mal benutzt habe ich ihn allerdings erst vor drei Wochen.

Bevor ich den Trinkrucksack dann fertig machte, aß ich ein Brötchen und trank eine Tasse Kaffee. Außerdem nahm ich vier Gels mit. Anja sollte später Iso, Cola und Bananen dabeihaben. Ich war bereit und startete komoot auf dem Handy, welches ich dann in einer Tasche am rechten Arm verstaute. Außerdem startete ich LiveTrack an meiner neuen Laufuhr, damit Anja wusste, wo genau ich mich immer befand. Punkt acht Uhr stand ich schließlich vor der Haustür und begann meinen Marathon.

Manchmal allerdings ahnt man schon beim Umziehen, dass es kein optimaler Tag wird. Mit den ersten Schritten kann sich das zwar auch geben, aber in der Regel wird es eher bestätigt. Meine neue Laufuhr meldet auf dem ersten Kilometer meinen sogenannten Leistungsstand. Ob ich das nach 30 Laufjahren brauche, ist eine andere Frage. Jedenfalls schwankte diese Zahl in den vorangegangenen zehn Läufen, die ich mit dieser Uhr gemacht hatte, zwischen null und plus zwei, was bedeutet, dass ich okay bin. Gestern vermeldete sie dann minus vier. So beschissen, wie minus vier es meiner Meinung nach ausdrückt, fühlte ich mich aber eigentlich gar nicht. Kopflastig ist das dann schon. Noch vor dem Loslaufen hatte ich überlegt, auf meinen Puls zu gucken. Doch da ich ohnehin nicht das beste Gefühl hatte, ließ ich es sein. Nun hatte ich also doch eine Kopflast.

Nach dem ersten Kilometer lief ich durch eine Kleingartenanlage zum Teltowkanal. Zwei Läufer begegneten mir und grüßten freundlich. Dann ging es rechts und gleich wieder links zur Regattastraße und in Richtung Dahme weiter. Meine Orientierung war ein Tempo von 6:24 Minuten pro Kilometer, damit ich den Marathon in etwa 4:30 Stunden laufen würde. Der dritte Kilometer aber war deutlich schneller. Mach dir keinen Stress, sagte ich mir. Du bist zurzeit kein Vier-Stunden-Läufer. Also nimm Tempo raus. Außerdem spürst du doch, dass der Puls etwas hoch ist.

In all meinen Laufjahren habe ich aber auch schon erfahren, dass der Puls und ich mich beruhigen. Man sollte es vielleicht als schönen Umstand betrachten, dass man nach über 100 Marathonläufen immer noch aufgeregt ist. Aber diese Aufregung legt sich nach einigen Kilometern und dementsprechend beruhigt sich der Puls.

Ich lief weiter parallel zur Dahme, an der Sportpromenade entlang und am Strandbad Grünau vorbei. Bei Kilometer 4 trank ich das erste Mal, danach alle weiteren drei Kilometer. Demzufolge auch bei Kilometer 7, während ich dachte, dass ich schon ein Drittel geschafft hatte, bis Anja mich begleiten würde. Dann begegnete mir ein Radfahrer, der Pfandflaschen einsammelte und Müll von den Partymachern des gestrigen Abends wegräumte. Sonntagmorgen in Berlin.

Drei weitere Läufer kamen mir auf dem gesperrten Straßenabschnitt entgegen. Dann erreichte ich die Vetschauer Allee und die ersten Häuser von Schmöckwitz. Ich bog in die Rohrwallallee ab und folgte ihr bis Kilometer 10. Die Zeit: 63:30 Minuten. Im Plan.

Nach Kilometer 10 kam ich kurz in ein Waldstück, bog dahinter nach rechts ab und verließ die Dahme. Ich kreuzte das Adlergestell und war damit auf dem Rückweg. Meine Beine erfüllten weiter ihr Soll. Manchmal aber beschlich mich eine Ahnung, dass der Tag nicht mehr lange so bleiben würde, wie ich es mir vorgestellt hatte. Die Frische fehlte, das Wetter drückte, und die Sonne kam auch öfter durch die Wolken als vorhergesagt. Doch noch konnte ich die Ahnung gut verdrängen.

Jetzt kürzte ich gegenüber meiner Tour von vor zwei Wochen ab, lief direkt nach Eichwalde und nahm mein erstes Gel. Schon oft hatte ich das Gefühl, dass mich diese Gels pushen. Gestern hatte ich dieses Gefühl nicht. Aber wer weiß, vielleicht wäre ich ohne sie noch langsamer geworden als ich es dann ohnehin wurde. Ich erreichte Kilometer 15 und war hier noch im Soll. Ich ließ Eichwalde hinter mir, bog auf dem Radeländer Weg in den Wald ab und überquerte zweimal Bahngleise, um nach Grünau zu kommen. Die letzten drei Kilometer meiner Runde waren dann nicht sehr attraktiv. Aber welche Marathonstrecke ist das schon durchgängig?

Ich hätte jetzt nach Hause laufen können und wäre wie an den vergangenen drei Wochenenden eine größere Runde gelaufen. Damit wäre ich für einen Marathon am nächsten Wochenende gut vorbereitet, überlegte ich. Aber Anja freut sich sicherlich auf ihre Fahrradrunde, dachte ich weiter. Außerdem hatte ich mir vor zwölf Wochen dieses

Datum als Marathontag gesetzt. Einen offiziellen Marathon bricht man ja (in der Regel) auch nicht ab.

Kurz vor der Abzweigung in meine zweite Runde wartete Anja und schoss ein erstes Foto. 2:14 Stunden für die erste Hälfte, konnte ich ihr sagen. Trotz meiner Ahnung hatte ich auch immer noch das Gefühl, dass es so weiter gehen oder vielmehr laufen könnte. Ich erwartete nicht unbedingt einen Einbruch, schon gar nicht so heftig wie er dann kommen sollte.

Wir erreichten wieder den Teltowkanal und bogen nach 23 Kilometern wiederum rechts ab, dann aber nicht gleich wieder nach links in Richtung Dahme. Ich dachte, die Parallelstraße wäre etwas attraktiver für Anja. Dort gönnte ich mir auch den ersten Schluck Cola. Irgendwo musste ich doch mal Energie herbekommen. Aber sie kam nicht. Dann bogen wir links ab und erreichten etwa bei Kilometer 27 wieder die Dahme, liefen an der Sportpromenade entlang und am Strandbad vorbei. Ich schaute schon nicht mehr auf die Uhr. Ich wusste ja, dass die Kilometerzeiten langsamer wurden. Kurz sagte ich Anja, dass es mir nicht besonders gut geht und wir hier die letzte Möglichkeit hätten abzukürzen. Natürlich musste ich die Entscheidung treffen. Aber sie hat Zeit, sagte sie. Und ich wusste, ob sie mit acht, neun oder zehn km/h auf dem Fahrrad neben mir herfuhr, machte für sie keinen Unterschied.

Wir bogen also in Schmöckwitz nach links und nicht nach rechts ab. Ich hatte mir vorgenommen, bis hierhin zu kommen und dann das erste Mal gehen zu dürfen. So machte ich es auch und schüttete mir Wasser über den Kopf. Die Rohrwallallee zog sich dann ewig hin. Irgendwo dort erreichte ich Kilometer 30 und lag jetzt circa drei Minuten hinter meinem Plan, errechnete ich später.

Wenn man nicht ausreichend für einen Marathon trainiert hat oder vielleicht auch, so wie ich gestern, einen rabenschwarzen Tag erwischt, dann gibt es eine heftige Übergangsphase vom Scheitern zum Gelingen. Ich kenne sie von den Ultraläufen, beim Marathon war ich es in der Form nicht mehr gewohnt. In der Rohrwallee drohte das Scheitern. Einzig und allein die Frage nach dem Sinn des eigenen Handelns beschäftigte mich. Da ich ihn nicht finden konnte und nur Schmerzen spürte - Schmerzen in der rechten Hüfte und Schmerzen im linken Fuß -, plante ich einen nächsten Zwischenstopp in Eichwalde. Ich gönnte mir noch mal einen Schluck Cola und ein Stück Banane. Jetzt biege ich noch zweimal ab und dann kann ich das nahende Ende schon spüren, versuchte ich mir Mut zu machen. Doch ich fand ihn nicht wirklich bei all der Erschöpfung, die ich spürte. Es ist einfach so wie in manchen Situationen, die sich im Leben ergeben: Man muss weiter machen, weil es ohnehin keine andere Möglichkeit gibt. So überstand ich diese Phase. Sehr langsam, aber ich überstand sie. Mein Marathon wurde zu einem gelungenen Unterfangen. Ich wusste, ich schaffe auch noch die letzten sechs Kilometer. Manchmal kommt man dann sogar noch in einen Flow. Aber davon war ich gestern meilenweit entfernt. Ich bekam keine schnelleren Kilometerzeiten mehr hin.

Auch nach Überquerung der Bahngleise gelang es mir nicht, noch einmal mit Anstand zu laufen. Ich brauchte einfach für jeden verdammten Kilometer acht Minuten. Also schaute ich lieber selten auf die Uhr und sicherte mich nur ab, dass ich meinen Marathon wenigstens unter fünf Stunden beenden würde. Zurück in Grünau auf dem Kablower Weg trank ich meinen letzten Schluck Cola, aber es änderte sich bis zum Ende hin nichts mehr. Ich war einfach vollkommen im Eimer, konnte zwar noch mit Anja quatschen, aber kam nicht mehr schneller vorwärts.

Auch als wir auf die Straße „Am Falkenberg" einbogen, auf der wir eine zwei Kilometer lange Zielgerade vor uns hatten, konnte ich nicht mehr schneller laufen. Kilometer 40, Kilometer 41, ich bat Anja noch einmal, um etwas zu trinken. Dann fuhr sie vor und machte ein Bild, als die Uhr 42,2 Kilometer in 4:56 Stunden anzeigte. Ich musste aber noch einen Kilometer weiterlaufen, bis wir zu Hause waren. Endlich erreichte ich die schattige Rudower Straße und bog nach rechts ab. Ich hob die Arme, Anja machte ein weiteres Foto. Ein Kuss. So einfach und so schön kann ein Zieleinlauf sein.

Vielleicht hat für mich so etwas wie eine neue Laufära begonnen. In den letzten vier Jahren habe ich versucht, noch einmal an meine Zeiten heranzukommen, die ich mit 18 und 19 Jahren erreicht habe. Zwar bin ich gescheitert, habe aber immerhin in diesem Zeitraum einige Zwischenziele erreicht. Doch heute ist das alles sehr weit weg. Nun fange ich einfach noch einmal von vorne an. Es ist Zufall, dass ich vor Kurzem die neue Uhr gekauft habe. Sie war gerade im Angebot. Aber sie misst jetzt meine Leistungen seit dem 21. Juni. Da lautet die Bestzeit auf zehn Kilometer eben nicht mehr 45 Minuten, sondern 57. Und im Marathon stehen nun 4:56 Stunden. Daran will ich mich jetzt orientieren.

Im Grunde sind jedoch auch diese neuen Zeiten belanglos, ist aber eigentlich das Mantra, das ich mir einimpfen möchte. Denn diese Angstzustände, die mich heimgesucht und teilweise völlig gelähmt haben, sind die, die dir zeigen, wie kostbar ein gesundes Leben ist. Doch der Kopf kann einem immer wieder einen Streich spielen. Denn ich weiß – nach allen Untersuchungen und nach allen Gesprächen – ich bin gesund und es ist nichts da, aber es ist eben doch da und vielleicht geht es auch nie mehr zu hundert Prozent weg.

Dein S.

Mardorf, den 2. August 2020

Lieber B.!

Heute ist Halbzeit meines achttägigen Urlaubs, den ich allein verbringe. Noch vor meiner Krise und noch vor der Corona-Krise hatten Anja und ich uns so entschieden, da sie mit ihrer Tochter nach New York fliegen wollte. Diese Reise mussten sie absagen, aber mir war es wichtig, meine Pläne beizubehalten und umzusetzen. Ich hatte mich auf acht Tage am Steinhuder Meer gefreut, aufs Alleinsein und darauf, dem ganz eigenen Rhythmus nachzugehen. Nach all den Unsicherheiten im Winter und Frühjahr wollte ich das durchziehen. Wenn man nicht seinen eigenen Weg geht, kann das ein Weg in die Krise sein.

Als die Welt (und auch ich) noch in Ordnung waren, machte ich mir für diesen Urlaub folgenden Plan: Tag 1: 3,8 Kilometer schwimmen und 180 Kilometer Radfahren, Tag 2: Marathon laufen und 3,8 Kilometer schwimmen, Tag 3: 180 Kilometer Radfahren und Marathon laufen.

Dann ein Tag Pause und das Ganze noch mal drei Tage lang wiederholen.

Heute finde ich auch, dass es sich ein bisschen irre anhört. Aber andererseits habe ich schon Ironman in Abstand von einer Woche absolviert oder auch den 100-Meilen-Lauf zwei Wochen nach einem Ironman. Lange ist das jedoch her (sechs Jahre) und meine Krise kam auch erst, nachdem ich diesen Plan gemacht hatte.

So startete ich hier im Urlaub nach der dreistündigen Autofahrt abends mit einem einstündigen Lauf. Am ersten Tag ging ich dann ins Schwimmbad (wegen Corona mein drittes Schwimmtraining in diesem Jahr) und schwamm 1,9 Kilometer. Am Nachmittag folgte eine 90-Kilometer-Radtour. Am zweiten Tag lief ich morgens einmal ums Steinhuder Meer (31 Kilometer) und ging abends schwimmen (1,5 Kilometer). Am dritten Tag drehte ich dann eine 60-Kilometer-Radrunde und lief am Nachmittag elf Kilometer. Heute nun war Halbzeit mit nur knapp über 50 Kilometern auf dem Rad und ohne zweite Einheit.

Einerseits sind das drei bis vier Stunden Training und ich bin vollauf zufrieden. Gerade bei der ersten Radtour musste ich immer wieder an die Unsicherheiten vom Jahresanfang denken. Herzrasen, zittrige Arme, zittrige Beine... stets ein Wunder, dass ich mich auf dem Fahrrad halten konnte. Und auch beim 30-Kilometer-Lauf ums Steinhuder Meer hatte ich am Anfang große Bedenken, doch irgendwann wieder das Vertrauen in mich. Nie hätte ich mir im Januar oder Februar vorstellen können, das allein zu schaffen.

Doch trotz des Stolzes betrübt mich andererseits ein wenig, dass ich deutlich langsamer unterwegs bin als früher. Denke ich an die Ziele im nächsten Jahr, sage ich, scheißegal. Doch hat mir meine Krise vielleicht zehn Prozent meines Leistungsvermögens genommen? Oder ist es jetzt mit 45 einfach soweit? Aber ich hätte das eher als schleichenden Prozess erwartet. Zumindest bei Strecken ab Halbmarathon verzeichne ich einen deutlichen Leistungsabfall. Über kürzere Distanzen finde ich es noch gar nicht so gravierend.

Bei aller Freude also auch ein wenig Trübsal, aber auch ganz viel Neugierde, wie es weiter geht. Gewöhne ich mich an diesen Leistungsabfall oder ist es doch nur der Moment und in ein paar Wochen oder Monaten strotze ich noch viel mehr mit Selbstvertrauen und laufe wieder wie in guten alten Zeiten?

Dein S.

Mardorf, den 3. August 2020

Lieber B.!

Was interessiert mich mein Geschwätz von gestern? Heute bin ich noch mal 26 Kilometer gelaufen von Mardorf nach Steinhude und wieder zurück. Noch einmal ums ganze Meer war mir zu weit, aber 21 bis 25 Kilometer sollten es wenigstens sein.

Ich lief müde los wie immer in meinem zurzeit üblichen Schnitt von 6:30 Minuten pro Kilometer. Beim Lauf vor drei Tagen hielt ich das bis Kilometer 26 durch, die letzten fünf Kilometer fiel ich dann deutlich ab. Heute tat ich mich lange schwer, doch als ich in Steinhude umkehrte, spürte ich eine gewisse Leichtigkeit wie lange nicht. Ich nehme an, sie resultierte aus dem Wissen, dass ich nun auf jeden Fall 25 Kilometer laufen würde, denn nach Hause musste ich ja. Bei Kilometer 16 gönnte ich mir ein Stück Banane und es ging stetig besser. Irgendwann sah ich es auch an den Kilometerzeiten. Die letzten sechs Kilometer lief ich deutlich jeweils unter sechs Minuten. So war ich am Ende 25 Sekunden pro Kilometer schneller als vor drei Tagen. Es ist von früheren Zeiten zwar immer noch ein Stück weg, aber der „Endspurt" erinnerte mich doch an viele Marathons, bei denen ich zum Ziel hin dahinflog.

Noch kurz will ich einen anderen Gedanken schildern, den ich in der ersten Laufstunde hatte. Im Oktober und November lief ich ja an 21 Tagen nacheinander. Das erforderte zwar Disziplin, aber eine Stunde laufen geht halt immer irgendwie. Jetzt merke ich, nachdem ich den fünften Tag nacheinander längere Einheiten trainiere, dass es eine ganz andere Anforderung ist. Besseres Training wäre also statt 21-mal eine Stunde laufen zehnmal zwei Stunden laufen oder ähnlich. Mal sehen, was ich da im nächsten Jahr noch einbauen kann.

Dein S.

Berlin, den 31. August 2020

Lieber B.!

Als ich vor einem Jahr angekündigt habe, jeden Monat etwas Besonderes vorzuhaben, stand der Sechs-Stunden-Lauf in Bernau nicht auf meiner Liste. Aber im Grunde ist er jetzt fast zwölf Monate später nach der Radtour mit Rupert und dem Urlaub das erste Ereignis, von dem ich berichten kann, so wie ich es mir damals vorgestellt habe.

Ich hatte mich Ende Juli angemeldet, als die Einschränkungen wegen des Corona-Virus geringer wurden und berechtigte Hoffnung bestand, dass der Lauf tatsächlich stattfinden würde. Vorgestern war es so weit. Anja fragte noch, ob sie mich begleiten solle. Aber die Wochenenden sind schnell vorbei, da müsse sie nicht sechs Stunden im Bernauer Stadtpark herumstehen, sagte ich. Auch meinen Eltern und meinem Bruder erzählte ich erst einen Tag vorher von dem Lauf, sodass ich fast wie früher einfach irgendwohin fuhr, lief und dann wieder nach Hause fuhr, um in völliger Zufriedenheit die Beine hochzulegen.

Start war um 13 Uhr. Ich traf knapp eine Stunde vorher ein. Zwölf-Stunden-Läufer waren seit sieben Uhr unterwegs. Aber die knapp 40 Teilnehmer verteilten sich auf der 1,6-Kilometer-Runde gut, sodass tatsächlich auch beim Laufen Hygiene- und Abstandskonzepte funktionieren können. Auch bei meinem Sechs-Stunden-Lauf waren 40 Teilnehmer dabei. Wir wurden in vier Gruppen eingeteilt, damit wir einerseits beim Start getrennt waren, aber andererseits auch nur das unserer Gruppe zugewiesene Verpflegungszelt benutzten.

Der Start erfolgte pünktlich. Jetzt war ich da. Der erste Wettkampf seit November, der erste seit meinem Knockout. Es tat gut und ich blieb bei mir. Denn ich hatte den Eindruck, dass die meisten ein schnelles Tempo einschlugen. Trotte ich halt hinterher, dachte ich. Mein Ziel waren 33 Runden, die 53 Kilometer entsprechen würden. Vom Training und den Zeiten auf den kürzeren Strecken her war das bescheiden, aber meine Demut war größer. Umgerechnet auf die Rundenzeiten bedeutete das, dass ich zehn bis elf Minuten für eine brauchen sollte. Aber ich blieb die erste Stunde jede Runde unter zehn Minuten, obwohl ich gefühlt ganz weit hinten im Feld lief. Auch die zweite Stunde lief ähnlich gut. Allerdings spürte ich schon eine

Müdigkeit, die ich durch die Nachtarbeit wohl grundsätzlich in meinem Körper habe. Es ging jetzt auf 15 Uhr zu. Normalerweise die Zeit, in der ich meinen Mittagsschlaf mache. Ich beendete den ersten Halbmarathon nach 2:11 Stunden und träumte eine Weile, dass ich dieses Tempo halten könnte. Damit würde ich an die 57 Kilometer herankommen, die ich hier 2010 in meinem besten von den bisherigen drei Rennen erreicht hatte. Doch neben der Müdigkeit machte mir auch die Wärme zu schaffen. Hatte ich in den letzten Wochen hin und wieder das Gefühl, ich käme mit Sonne und Temperaturen über 20 Grad besser zurecht, vorgestern war das nicht der Fall. Anfangs stoppte ich nur jede zweite Runde an meinem Verpflegungszelt. Ab der dritten Stunde brauchte ich jede Runde einen Becher Wasser, um ihn mir über den Kopf zu schütten. Ich versuchte mich zu motivieren, den Marathon in wenigstens 4:30 Stunden zu laufen. Doch wem nützt das, wenn du dann noch lange nicht im Ziel bist? Nein, die Motivation in so einem Stundenlauf ist wirklich schwierig. Ich behielt nur die 33 Runden im Auge, die ich mir vorgenommen hatte. Allerdings ging es den anderen nicht besser, und das motivierte mich, auch wenn das fies klingt. Obwohl ich langsamer wurde, merkte ich, dass ich Plätze gut machte und viele überholte, die anfangs schneller gelaufen waren.

Nach 4:45 Stunden hatte ich die 26. Runde geschafft und damit einen Marathon. Trotz der Zeit war ich ein bisschen stolz. Ich schaffe das wieder, ich kann das wieder. Und immerhin war ich zehn Minuten schneller als im Juli im Training. Nur mit der 33. Runde würde es schwierig werden. Ich war allerdings so durstig und so erhitzt, dass ich auf die Stopps am Verpflegungszelt nicht verzichten konnte und dadurch immer etwas Zeit verlor. Aber dazwischen lief ich wieder besser. Auch die Befürchtung, dass ich unter 50 Kilometer bleiben würde, die ich zwischendurch hatte, konnte ich ablegen. Die letzte halbe Stunde rollte es dann wieder richtig gut. Ein bisschen konnte ich mich wie in meinen besten Zeiten motivieren und machte noch mal Dampf. Nach 5:47 Stunden hatte ich die 31. Runde und 50 Kilometer geschafft. Die 32. Runde lief ich in zehn Minuten. Dann ertönte circa 400 Meter später, als ich im Schatten der Bernauer Stadtmauer lief, der Knall. Sechs Stunden waren vorbei und ich 52,088 Kilometer gelaufen.

Ich blieb deutlich unter den Leistungen, die ich hier 2007, 2010 und 2014 erzielt hatte. Ich blieb deutlich unter dem, was ich nach meinen Trainingsergebnissen erreichen können müsste. Aber ich blieb nur knapp unter dem, was ich mir vorgenommen hatte. Und das war wahrscheinlich am realistischsten. Denn es steckt noch genug Verunsicherung in mir. Und vor allem genug Müdigkeit.

Aber in meiner letzten Therapiestunde vor meinem Urlaub kamen meine Therapeutin und ich auf die Idee, dass ich eine Auszeit einlegen könnte. Ein Sabbatjahr, wie man es nennt. Unser ursprünglicher Gedanke war, noch einmal dem nachzugehen, was einst mein Traum war. In meinem Fall also, dem Schreiben nachzugehen. Auch dafür möchte ich Zeit haben und mir Zeit nehmen. Aber ich habe mich jetzt dafür entschieden und letzte Woche mit meinem Chef gesprochen, „nur" ein halbes Jahr Pause einzulegen. Einerseits ist das eine finanzielle Frage und andererseits steht nun dieser Traum vom Deutschlandlauf bevor, sodass ich mir dafür diese Zeit auch nehmen möchte. Dann habe ich auch nicht die Schmach, nach einem Jahr zur Arbeit zurückzukehren und sagen zu müssen, der Traum vom Schriftstellerdasein ist geplatzt. Sondern ich weiß, es ist mein halbes Jahr Zeit, um einfach zu leben und um einmal die Müdigkeit aus dem Körper zu schütteln. Allerdings habe ich jetzt schon manchmal ein schlechtes Gewissen. Auch wenn ich niemandem auf der Tasche legen werde, frage ich mich: Darf man das? Einfach nur leben?

Dein S.

Berlin, den 12. Oktober 2020

Lieber B.!

Ist es schön oder auch wichtig zu wissen, wenn man Dinge zum letzten Mal erlebt? Ich komme auf diese Frage, weil ich mich im letzten Jahr beim Berlin-Marathon bei Kilometer 3 sehr unwohl gefühlt habe. Während meiner Krise habe ich Dir oft geschrieben, dass ich dachte, einen hohen Puls zu haben. Beim Berlin-Marathon zeigte er bei Kilometer 3 tatsächlich kurzzeitig 170 an. Zwar beruhigte ich mich wieder, doch ich erinnere mich, dass ich darüber nachdachte, bei Kilometer 11 auszusteigen, dort, wo Anja das erste Mal an der Strecke stand. Ich weiß aber auch noch, dass ich damals schon das Gefühl hatte, wenn ich diesen Punkt nicht überwinde, könnte meine Marathon- und vielleicht sogar meine gesamte Laufkarriere einen gehörigen Knicks bekommen. Nun, Du weißt, ich hielt den Marathon durch und freue mich heute noch darüber, aber die Krise kam trotzdem.

Ich beschloss damals aber, in diesem Jahr auf keinen Fall beim Berlin-Marathon mitzulaufen. Stattdessen suchte ich mir das genaue Gegenstück. Schon bevor meine Krise mich lahmlegte und schon bevor das Corona-Virus unser normales Leben lahmlegte, fand ich mit dem Marathon im Schiefergebirge in Thüringen einen kleinen und weit abseits vom Trubel gelegenen Lauf. Und tatsächlich fand er auch als einer der ersten Marathonläufe in diesem Jahr statt. Da es ein wunderschönes Erlebnis war dort mitzulaufen, frage ich mich, ob ich in Zukunft und nach dem Rückzug meiner Eltern vom Helferdasein beim Berlin-Marathon nicht an jedem Sonntag Ende September eine andere Herausforderung finden werde. Vielleicht war mein 21. Berlin-Marathon im letzten Jahr schon mein letzter? Vorher hatte ich das nicht geahnt. Aber im Moment wäre ich auch nicht traurig, wenn es so wäre. Man muss nicht immer wissen, wann Dinge zu Ende gehen. Man sollte nur wissen, dass sie zu Ende sind und nicht aus Sentimentalität an ihnen festhalten.

Die Premiere des Schiefergebirgs-Marathons fand im letzten Jahr mit 35 Teilnehmern statt. Wie gesagt, einen besseren Gegensatz hätte ich nicht finden können. Wegen der Auflagen bezüglich der Pandemie durften in diesem Jahr insgesamt (bei Marathon, Halbmarathon und einem Lauf über neun Kilometert) 250 Läufer teilnehmen, die zwischen 7:30 und 9:00 Uhr starteten. So war es zwar kein klassischer Lauf, bei dem man einen Mitläufer fand oder sich an jemanden anhängte. Aber auch mit einem gemeinsamen Start wäre ich am Ende bei 42 Marathonläufern, die ins Ziel kamen, schnell allein gewesen.

Ich fuhr samstags nach der Arbeit nach Saalfeld und ruhte mich im Hotel kurz aus. Abends suchte ich eine Pizzeria, fand allerdings nur eine bessere Döner-Bude. Da es aber in Strömen regnete, gab ich mich damit zufrieden, obwohl ich nach meinem Eintritt auch noch unfreundlich auf einen Platz zwischen Kühlschrank und Kammer verwiesen wurde. Es machte mir nichts aus. Ich sah aus dem Fenster, sah den Regen auf den Marktplatz prasseln und dachte, dass ich heute früh auf der Arbeit die Schicht gerissen hatte, anschließend drei Stunden alleine mit dem Auto hierhergefahren war und morgen durchs mir noch unbekannte Schiefergebirge laufen würde. Das alles war vor gut einem halben Jahr völlig undenkbar gewesen.

Am Sonntag machte ich mich um sieben Uhr auf den Weg nach Schmiedefeld, wo Start und Ziel sein sollten. Allerdings ein anderes Schmiedefeld als jenes, welches man vom Rennsteiglauf kennt. Schnell hatte ich die Örtlichkeiten erkundet und meine Nummer erhalten. So startete ich um 8:15 Uhr zu meinen 117. Marathon.

Es nieselte und sollte etwa 12 Grad werden. Angenehmes Laufwetter. Wir liefen jedoch schon nach dem ersten Kilometer, der noch im Ort stetig bergab führte, in den Wald hinein und es wurde rutschig und glatt. Von Beginn an merkte man, dass knapp 1.200 Höhenmeter überwinden werden mussten, denn wellenartig schlängelte sich der Weg zu Kilometer 4 und dem ersten Verpflegungspunkt. Anschließend folgte eine erste längere Passage, die uns einen Blick über das Schiefergebirge erlaubte. Trotz der tiefhängenden Wolken war das ein wunderschöner Ausblick. Dann wurde der Untergrund wieder rutschiger, da wir auf einem Wiesenweg liefen. Eine Läuferin, die mich gerade überholt hatte, lag auch gleich auf dem Hintern. Doch sie rappelte sich hoch, lachte und entschwand bald meinem Blick.

Bei Kilometer 8 erreichten wir den nächsten Verpflegungspunkt. Ein anderer Läufer verließ ihn, als ich kam und rief erst mal irritiert zurück, ob er auf dem richtigen Weg sei. Die Helferin lachte und nickte. In der Tat war dieser Weg, auf den ich mich dann auch begab, mit altem Geäst zugeschüttet, durch welches man sich durchschlagen musste. Aber es wurde noch anspruchsvoller. Denn bald befanden wir uns auf einem Pfad, wo laufen kaum noch möglich war. Links Felsen, rechts eine Schlucht. Auf dem Rückweg dachte ich an den dritten Teil von *Zurück in die Zukunft*. Da retten die beiden Helden eine Lehrerin vor dem Absturz in eine Schlucht, weshalb diese Schlucht in der Zukunft dann einen anderen Namen hat, weil die Lehrerin ja nicht darin ums Leben kam. Pass auf, dachte ich, dass am Ende die Schlucht nicht deinen Namen erhält.

Anschließend folgte ein kurzer Abschnitt auf einem breiteren Weg. Doch meine Freude währte ebenso kurz, denn schon sah ich den Läufer, der mich gerade überholt hatte, wieder auf einen Pfad nach rechts abbiegen. Jetzt wurde ich unwirsch. Nichts finde ich schöner als solche Landschaftsläufe. Aber ich möchte laufen und nicht aufgrund der Beschaffenheit des Weges schon zum Gehen gezwungen werden. Schließlich erreichte ich bei Kilometer 12 den nächsten Verpflegungspunkt. Dahinter ging es erst einmal auf einem breiten Weg bergab. Merke dir dieses Stück für den Rückweg, dachte ich. Wenn du bis hierhin gut unterwegs bist, kannst du dann auch die schlechte Wegelage besser akzeptieren.

Dann hatten wir zum zweiten Mal einen wunderschönen Panoramablick über das Schiefergebirge. Unten im Tal sah ich meine Mitläufer und wusste also, wo ich gleich sein würde. Hinter diesem Tal folgte noch einmal ein Abschnitt, der steil bergab und schließlich nach Gebersdorf führte. Durch den glitschigen Untergrund und den immer wieder aufkommenden Nieselregen rutschte beim bergab laufen bald auch meine Sohle im rechten Schuh nach vorne. Ich schmunzelte, denn das hatte ich in all meinen Laufjahren noch nicht erlebt.

In Gebersdorf gab es die vierte Verpflegungsstelle. Danach folgten die letzten vier Kilometer bis zur Beendigung der Runde. Es ging nun wieder stetig bergauf, aber immerhin auf befestigten Wegen. Eine Besonderheit dieses Marathons war, dass die zweite Runde in entgegengesetzter Richtung gelaufen wurde. Kurz vor dem letzten Verpflegungspunkt waren mir die ersten Läufer entgegengekommen. Bis auch ich mich auf den Rückweg machte, zählte ich etwa 20 Läufer. Mir gefiel diese Idee, da wir untereinander Kontakt hatten. Durch den frei wählbaren Startzeitpunkt grüßten sich auch fast alle bei Überholvorgängen und nun eben wieder, als wir uns entgegenkamen. Sicherlich haben aber auch die Pandemie und die dazugehörigen Umstände dazu beigetragen, dass die hier anwesenden Läufer einfach froh waren, laufen zu dürfen und dass der Wettkampfcharakter stark im Hintergrund stand. Ein bisschen war es wie bei einem Ultratriathlon.

Die erste Runde hatte ich in 2:29 Stunden beendet. Mein Ziel war es, unter fünf Stunden zu laufen. War das jetzt schon unmöglich? So schwierig hatte ich die Strecke nicht erwartet und selbstverständlich waren auf dem Rückweg genauso viele Höhenmeter zu laufen wie auf dem Hinweg. Doch vielleicht führten die schwierigen Passagen jetzt mehr bergab, hoffte ich und war deshalb guter Dinge, nicht noch langsamer zu werden. Erst einmal ging es bergab und die Kilometerzeiten waren okay. Dann erreichte ich wieder den Verpflegungspunkt in Gebersdorf. Dahinter war es allerdings kaum noch möglich zu laufen. Teilweise war es so steil, dass man den Berg fast wieder rückwärts hinunterrutschte. Kein Wunder, dachte ich, dass hier beim bergab laufen meine Sohle verrutscht war.

Nachdem ich dann auch etwa 20 Läufer gezählt hatte, die mir noch entgegengekommen waren, wurde es einsamer. Einmal sah ich drei Läufer in einiger Entfernung vor mir, als ich das Tal hinter mir gelassen hatte und den nächsten Anstieg in Angriff nahm. Schließlich folgte der Abschnitt, den ich mir hatte merken wollen. Doch bis hierhin, etwa Kilometer 30, hatte ich schon viel Zeit verloren. Beileibe lief es sich in die andere Richtung nicht einfacher. So war ich nach dem Verpflegungspunkt wieder auf dem schmalen Pfad unterwegs und sah später auf meiner Uhr, dass ich trotz 30 negativer Höhenmeter über acht Minuten für einen Kilometer benötigt hatte. An der Schlucht kam ich unbeschadet vorbei und sie wird nicht meinen Namen erhalten. Dann holte ich zwei der drei Läufer ein, die ich vor einer Weile gesehen hatte. Es war ein Läuferpaar. Aber ich grüßte lediglich kurz, denn mir fiel nicht viel ein, was ich sagen konnte. Ich war auch zu kaputt. Die Frau lief dann wieder an mir vorbei und gemeinsam erreichten wir den vorletzten Verpflegungspunkt hinter der Schlucht bei Kilometer 34.

Nach einem Becher Tee und einem Riegel setzte ich mich wieder in Bewegung, als gerade der Mann meiner Mitläuferin und ein weiterer Läufer kamen. Ich kämpfte mich den Wiesenweg entlang, platschte in Pfützen und hatte manchmal Furcht, ich könnte mit meinen Schuhen stecken bleiben. Dann erreichte ich den ersten und jetzt letzten Panoramaweg. Meine Mitläuferin hatte wohl ihren Mann seinem Schicksal überlassen und lief allein lässig an mir vorbei. Ihrem Tempo war ich nicht gewachsen, aber hier wollte ich auch nicht mit jemandem zusammenlaufen. Inzwischen hatte ich auch längst aufgegeben, unter fünf Stunden bleiben zu können. Schließlich sah ich nach einer lang gezogenen Rechtskurve den letzten Verpflegungspunkt. Ein einsamer Mann bewachte ihn und freute sich, dass mal wieder jemand vorbeikam. Ich trank zu hastig kaltes Iso und bekam kurzzeitig Kopfschmerzen. Also schüttete ich einen Becher Tee hinterher. Im Ziel gibt es eine Thüringer Rostbratwurst, versprach der Helfer, als ich wieder loslief.

Nun hatte es wieder etwas mit laufen zu tun, was ich da machte. Das Tempo war zwar nicht überragend, aber auf dem breiten geschotterten Weg luden die letzten vier Kilometer fast noch mal zu einem Endspurt ein. Dann verließ ich auch schon den Wald und erreichte Schmiedefeld. Leider musste ich noch einmal zwei heftige Anstiege überwinden. Aber dann hörte ich den Zielansager und sah sogar drei Zuschauer. Die letzten 200 Meter ging es steil die Straße hinauf, bis ich schließlich den Zielbogen sah. In diesem Moment wurde mir klar, wie gut es tat, wieder mal ein Ziel zu erreichen. Zwar erreicht man vielleicht oft ein Ziel, ein symbolisches gewissermaßen. So wie ich, als ich meinen Trainings-Marathon beendete. Aber tatsächlich ein Ziel zu erreichen, das dastand, von jemandem aufgebaut worden war und mir bedeutete, es erreicht zu haben, tat unendlich gut.

5:22:24 Stunden, sagte dann der Ansager. Mit Abstand mein langsamster Marathon. Aber einer, auf den ich am stolzesten bin. Leider nur vergeblich suchte ich den Imbisswagen, an dem es Thüringer Rostbratwurst geben sollte. Dem Corona-Virus geschuldet wurde wirklich nichts weiter angeboten als Cola, Tee und Bananen. Trotzdem waren die Helfer und Organisatoren Helden. Aber mir blieb nichts weiter übrig, als zum Auto zu trotten, mich umzuziehen und heimzufahren. Dabei hatte ich einige Tränen in den Augen.

Dein S.

Berlin, den 20. Oktober 2020

Lieber B.!

Mit einem Zieleinlauf setzt man eine Erinnerung. Und aus Erinnerungen setzt sich unser Leben zusammen, sie sind vielmals die Bestandteile. Denn wie oft blicken wir zurück? Gerade je älter man wird, umso mehr scheint mir. Zwar mag es vielleicht auch traurig sein, wenn mehr zurück als vorausgeschaut wird, aber die Lebenszeit gibt es nun einmal so her.

Dein S.

Berlin, den 24. Oktober 2020

Lieber B.!

2013 habe ich Dir berichtet, dass nach meinem Zieleinlauf beim 100-Meilen-Lauf ein Helfer zu mir sagte, dieses Rennen (und solche Rennen im Allgemeinen) werde mich für immer verändern. Das machen sie zweifelsfrei. Heute habe ich überlegt, wie sehr mich der Deutschlandlauf verändern wird. Ich laufe 21 Tage lang jeden Tag einen

Ultra-Marathon. Wie sehr potenziert sich die Veränderung? Wer bin ich dann? Wer wäre ich ohne?

Es tut gut, so etwas zu machen und dadurch viele andere Dinge im Leben mit einem Lächeln absolvieren zu können, weil man in sich trägt, was man schon geschafft hat. Aber es entfernt einen vielleicht auch von der Realität, von reellen Dingen…

Dein S.

Berlin, den 1. November 2020

Lieber B.!

Im Sommer letzten Jahres habe ich angefangen, die Autobiografie von Bruce Springsteen *Born to run* zu lesen. Sie ist 700 Seiten stark und die erste Hälfte befasst er sich überwiegend mit seiner Kindheit und Jugend, sodass es dauert, bis er zu seinem musikalischen Durchbruch kommt. Daher hatte ich sie zur Seite gelegt, habe aber jetzt wieder angefangen weiterzulesen.

Mit dem Älterwerden und mit dem, was war und nicht mehr kommen wird, beschäftige ich mich ja auch schon längere Zeit. So möchte ich aus Springsteens Autobiografie zitieren: *„Aber niemand kann die Zeit zurückdrehen. Keiner kann zum Ausgangspunkt zurückkehren, denn die Straße des Lebens ist eine Einbahnstraße und führt nur in eine Richtung. Vorwärts, hinein in die Dunkelheit.“*

Dein S.

Berlin, den 12. November 2020

Lieber B.!

Vor fünf Tagen, samstags, bin ich mit 50:12 Minuten eine neue Jahresbestzeit über zehn Kilometer gelaufen. Ich war sehr froh, dass ich es geschafft habe. Zwar hätte ich diese Zeit vor gut einem Jahr quasi in jedem Training abrufen können. Aber jetzt ist diese Zeit bei meiner Garmin-Uhr als Bestzeit gespeichert. Du erinnerst Dich, ich habe sie im Juni gekauft und davor war an bessere Zeiten ohnehin nicht zu denken. In Bezug auf den Deutschlandlauf ist es zwar vollkommen egal, wie schnell ich zehn Kilometer laufen kann, aber ich mache mir schon viele Gedanken, warum ich so langsam geworden bin. Auch meine Halbmarathonbestzeit liegt in diesem Jahr bei 2:02 Stunden. Vor gut einem Jahr lief ich 1:45, davor sogar noch 1:40 Stunden. Ich hoffe, ich knacke die zwei Stunden noch in diesem Jahr...

Als ich gestern über dieses Thema nachdachte, fiel mir eine Lauf- und Triathlonkollegin aus Berlin ein, die ich 2011 beim Triple-Ultra-Triathlon in Lensahn kennengelernt habe. Sie blieb damals knapp hinter mir. 2014 war sie aber vor mir (logischerweise, denn ich wurde ja letzter). Wir schwammen jedes Mal gleich schlecht, ich fuhr aber auf dem Rad immer einige Stunden Vorsprung heraus, die sie beim Laufen dann wieder gut machte. Wenn wir uns allerdings bei reinen Laufveranstaltungen trafen, so unter anderem auch beim 100-Meilen-Lauf, war ich immer deutlich vor ihr. Ohne ihr zu nahe zu treten oder dass es gar böse gemeint ist, sie kann, so denke ich, einen Marathon nicht viel schneller als in fünf Stunden laufen. Aber das kann sie eben drei- oder vier Mal nacheinander. Mein Bestreben, einen Marathon mal wieder in etwa vier Stunden zu laufen, ist demnach also völlig unsinnig, weil es beim Deutschlandlauf darauf ankommen wird, jeden Tag 1,5 Marathons zu laufen. Wenn dabei dann die Marathonzeit jedes Mal bei fünf bis sechs Stunden liegen würde, wäre das fantastisch. Aber trotz aller Logik, für mein Selbstwertgefühl und für mein Laufgefühl sind etwas bessere Zeiten sehr wichtig. Insofern hat mich die Zehn-Kilometer-Zeit sehr gefreut, zumal ich sie direkt im Anschluss an eine Arbeitswoche und nach kurzem Schlaf erzielt habe. Etwas ausgeruhter müsste da also auch noch ein bisschen mehr drin sein.

Allerdings bin ich am Sonntag danach mit starken Rückenschmerzen aufgewacht. Beim Waschen oder vielmehr dem Versuch, mich zum Waschbecken herunterzubeugen kam ich wegen der Schmerzen nicht weit. Drei Tage verbrachte ich liegend auf der Couch und in der Badewanne. Dann ging es langsam besser. Gestern versuchte ich, mich mit Gymnastik etwas zu lockern. Heute war ich nach der Arbeit wieder eine Stunde laufen. Die ersten zwei Kilometer waren katastrophal, dann ging es besser. Aber im Grunde war es ein einstündiger Lauf, in dem der Rücken schmerzte, in dem der seit dem Sommer immer wieder auftauchende Schmerz in der Hüfte zu spüren war und in dem die linke Brust inklusive Arm wehtat, ein Schmerz, den ich auch seit knapp zwei Wochen mit mir herumtrage (ich vermute, er rührt vom Hanteltraining her). Früher war das anders, sprich besser, dachte ich. Und einerseits muss ich grinsen, wenn ich darüber nachdenke, dass ich jetzt über Altersschmerzen klage, aber andererseits bin ich mir manchmal tatsächlich unsicher, ob ich mal wieder dauerhaft schmerzfrei und leicht und locker Sport machen werde.

Festzuhalten ist auf jeden Fall: Als ich 2010 begann, Dir von einer einjährigen Vorbereitung auf den Triple-Ultra-

Triathlon zu schreiben, war es ein Weg, der zwar manchmal stockte, aber doch stetig bergauf und zum Ziel hinführte. Der Weg, den ich Dir jetzt gerade zum Deutschlandlauf hin beschreibe, stockt nicht nur, sondern eher bin ich nach einem Jahr ein paar Schritte rückwärts gegangen als vorwärts. So kann also jetzt die zweite Hälfte der Vorbereitung nur noch besser werden.

Dein S.

Berlin, den 14. November 2020

Lieber B.!

Heute, während eines einstündigen Laufes, dachte ich, dass ich drei Wochen lang keine Privatsphäre haben werde, am meisten wahrscheinlich noch beim Laufen. Also kann man eigentlich froh sein, wenn die Etappen länger sind oder man länger unterwegs ist.

Dein S.

Berlin, den 16. November 2020

Lieber B.!

Vor Kurzem habe ich meiner Therapeutin erzählt, dass ich beim Laufen ab und zu Schmerzen im Brustbereich habe und dass ich weiß, dass es nur eine Muskelverspannung ist, aber trotzdem der Kopf mir manchmal einen Streich spielen will und vorgaukelt, es könnte auch etwas mit dem Herzen sein. Sie ließ sich die Symptome schildern und stufte es auch als harmlos ein, fragte aber, warum ich denn laufe oder auch weiterlaufe, wenn ich Schmerzen habe. Der Körper signalisiert, sagte sie, dass es ihm im Moment nicht gut geht, warum quälen Sie ihn und sich dann?

Ein gutes Argument, fand ich. Vielleicht sollte ich meinem Körper wieder mehr Ruhe und Pausen gönnen. Aber dann fehlt wieder eine Trainingseinheit in der Woche und ich komme in Richtung Deutschlandlauf auch nicht vorwärts, dachte ich andererseits. Welche Rolle der Sport in meinem Leben spielt und in welchem Ausmaß ich ihn betreibe, ist meiner Therapeutin auch nach einem Dreivierteljahr noch nicht klar, befürchte ich, obwohl es auch schon oft genug Thema war.

So bin ich heute zehn Kilometer gelaufen, nachdem ich gestern einen Halbmarathon in etwas schnellerem Tempo absolviert hatte und obwohl die Sache mit dem Rücken ja auch noch nicht hundertprozentig ausgestanden ist. Anfangs lief ich wieder unrund, dann schmerzte der Rücken, später die Brust. Aber ich sah nicht auf die Uhr, lief meinem Gefühl nach das Tempo, das ich mir vorgenommen hatte und lief den Schmerz einfach raus.

Dein S.

Berlin, den 17. November 2020

Lieber B.!

In Zusammenhang mit dem, was ich Dir gestern schrieb, fiel mir Haruki Murakami und sein Buch *Wovon ich rede, wenn ich vom Laufen rede* ein: "'Schmerz' scheint eine Voraussetzung für diesen Sport zu sein. Denn wer würde sich, wenn kein Schmerz damit verbunden wäre, die Mühe machen, an einem Triathlon oder Marathon teilzunehmen. […] Wir wollen den Schmerz überwinden, das Gefühl haben, am Leben zu sein, oder zumindest teilweise herausfinden, was das heißt. Die Qualität des eigenen Lebens basiert nicht auf Vorgaben wie Zeit, Zahl oder Rang, sondern wird am Ende (wenn alles gut geht) im*

Erwachen eines Bewusstseins für den flüssigen Ablauf des Handelns an sich erreicht."

Dein S.

Berlin, den 2. Februar 2021

Lieber B.!

In sechs Wochen beginnt mein Sabbatical. Dann werde ich Dir auf jeden Fall wieder öfter schreiben. Denn es ist ja auch gedacht, dass ich mir dieses halbe Jahr Auszeit nehme, um mehr und regelmäßiger zu schreiben. Ich hoffe, das klappt. Denn andererseits wird natürlich der Deutschlandlauf und die Vorbereitung darauf einen großen Teil meiner Zeit in Anspruch nehmen.

Schade ist einfach, dass ich oft Gedanken habe, die ich mir (für Dich) notieren möchte, aber schon das gelingt mir kaum. Ich stelle vielmals den Vergleich mit meiner ersten Teilnahme am Triple-Ultra-Triathlon in Lensahn an und wie sich etwa ein Dreivierteljahr lang alles in meinem Leben nur noch darum drehte. Gerne hätte ich es wieder so. Aber zehn Jahre später ist man eben auch zehn Jahre erfahrener und sowieso wiederholt sich im Leben nichts.

So komme ich lieber auf die letzten zwei Monate zu sprechen. Bis Mitte Dezember war ich mit meinem Training sehr zufrieden. Ich verbesserte noch mal meine Zeiten über kürzere Strecken und habe mich einfach auf Jahresbestzeiten festgelegt. So interessiert mich auch in diesem Jahr nicht, welche Zeiten ich in den letzten 30 Jahren gelaufen bin, sondern nur noch welche seit dem 1. Januar. Man wird älter, muss dem Tribut zollen und kann der Vergangenheit nicht hinterherrennen.

Das übliche Weihnachtschaos bei der Arbeit ließ mich auf einen Marathon, den ich gerne noch gelaufen wäre, verzichten und Mitte Dezember stellte ich mein Training fast komplett ein. Nach Weihnachten hatte ich den Plan, an sechs aufeinander folgenden Tagen zehn Kilometer zu laufen, nach einem Tag Pause sechsmal 15 Kilometer und dann noch mal sechsmal jeweils einen Halbmarathon. Es sollte dem entsprechen, was ich im Oktober 2019 gemacht hatte. Nur eben mit etwas längeren Strecken und einem Tag Pause dazwischen. Am 25., 26. und 27. Dezember lief ich meine zehn Kilometer. Dann infizierte ich mich mit dem Corona-Virus…

Am 23. saßen wir in unserem Büro. Zu viert wie immer. Ein Kollege erhielt einen Anruf. Seine Frau, die in einem Altenheim arbeitet, habe einen positiven Schnelltest gehabt. Er ging sofort nach Hause. Aber was war nun mit uns? Wir waren jetzt Kontaktperson einer Kontaktperson. Da es bei ihm ja noch keineswegs sicher war, dass er sich angesteckt hatte, konnten wir nicht einfach nach Hause fahren. Und so begibt man sich unter Menschen, weiß nicht, was los ist, weiß nicht, was man machen soll, weiß nichts, einfach nichts...

Das ganze noch am Tag vor Heiligabend. Anjas Vater und Bruder hatten kommen wollen, am 26. wollten wir zu meinen Eltern… was nun?

Ich fuhr privat zu einer Ärztin, eine Bekannte meiner Eltern. Sie machte einen Schnelltest, der Gott sei dank negativ war. Aber bei drei Tagen Inkubationszeit… Sicher war noch lange nichts… Aber ich fühlte mich ja auch nicht krank und man möchte sich nicht einfach so in Quarantäne begeben.

Zum Glück musste ich am 24. nicht mehr zur Arbeit. Ich telefonierte mit dem Kollegen. Seine Frau war definitiv positiv. Aber er ließ sich nicht testen, er war ja schon in Quarantäne. Klar, aber was war mit uns? Wäre er negativ gewesen, hätten wir aufatmen können.

Anjas Vater und Bruder waren so vernünftig und kamen uns nicht besuchen. Wir feierten zu dritt und machten für eine halbe Stunde einen Videoanruf mit den beiden in Frankfurt. Das alles, nachdem Anjas Mutter im April verstorben war. Manchmal ist das Leben nicht gerecht. Und ich trug die Schuld. Aber was sollte ich machen? Was hätte ich anders machen können?

Am 25. wollte Anjas Tochter zu ihrem Papa. Was aber ist, wenn ich doch positiv war? Wir waren so unvernünftig und sind zu dritt geblieben. Oder ich war so unvernünftig und hatte nicht allein sein wollen… Ich ließ einen weiteren Schnelltest machen. Wieder negativ. Sie konnte zu ihrem Papa und Anja und ich fuhren am 26. zu meinen Eltern. Wir hielten uns natürlich alle zusammen im Wohnzimmer und in der Küche auf. Meine Eltern, Anja, mein Bruder und sein Sohn. Nur Ruperts Freundin war so vernünftig und zog sich zurück. Beim Essen saß ich die meiste Zeit neben meinem Vater…

Am 27. kam der Anruf eines anderen Kollegen aus dem Büro. Er hatte eindeutige Anzeichen für eine Corona-Infektion. Ich begab mich in Quarantäne. Jetzt konnte man von Glück sprechen, dass ich immer noch eine eigene Wohnung habe. Auch ließ ich sofort einen PCR-Test machen. Positiv.

Nun kam die Angst. Eine ganz beschissene Angst. Eine Angst, die ich nie wieder haben möchte. Meine Eltern sind über 70, wie Du weißt. Was ist, wenn ich sie angesteckt habe? Was ist mit Anja, was mit meinem Bruder? Stundenlang hatte ich neben meinem Vater gesessen. Ich kriegte das Bild nicht aus meinem Kopf. Ich, positiv, neben meinem Vater, der altersbedingt mit dem Herzen schon manchmal ein Problem hatte.

Ich verfluchte den Kollegen, der sich nicht hatte testen lassen. Denn dann hätten wir anderen schon ein oder zwei Tage früher uns in Quarantäne begeben. Ich verfluchte meine Chefs. Warum haben sie uns zu viert in diesem kleinen Büro belassen? Während Anja schon lange im Homeoffice arbeiten durfte, saßen wir da noch eingepfercht... Aber im Grunde konnte ich nur mich selbst verfluchen. Ich war derjenige, der bei diesem Verdacht sich hätte zurückziehen müssen. Doch Regeln für die Kontaktperson einer Kontaktperson gibt es nicht und wenn man sich selbst nicht krank fühlt...

Am Ende ging alles gut aus. Ich habe niemanden angesteckt. Nicht meine Eltern, nicht Anja, nicht meinen Bruder, nicht seinen Sohn, nicht Anjas Tochter. Mein Krankheitsverlauf war zudem äußerst mild. Die Nase war etwas zu, aber ich hatte kein Fieber und verlor auch nicht meinen Geschmack.

Silvester verbrachten Anja und ich dann jeder für sich. Mit einem Winken über meinen Gartenzaun. Bis zum 8. Januar musste ich in Quarantäne bleiben. Vorher hatte ich mich zweimal auf den Hometrainer gesetzt, den Anja mir zu Weihnachten geschenkt hatte. Das Laufjahr begann ich dann am 9. mit einem Lauf über sechs Kilometer in einem Schnitt von 6:20 Minuten pro Kilometer. Also durchaus positiv, wenn man bedenkt, dass ich 2020 mit einem Lauf über vier Kilometer in einem Tempo von 7:00 Minuten pro Kilometer startete.

Mitte Januar lief ich schon wieder 15 Kilometer und fühlte mich wohl und gut. Von der Corona-Infektion scheint nichts hängen geblieben zu sein. Während der Quarantäne dachte ich, dass ich erst mal wieder einen kompletten Check machen sollte, bevor ich wieder durchstarten kann. Den Check habe ich noch vor mir, aber im Moment habe ich keine Bedenken.

Dein S.

Berlin, den 8. Februar 2021

Lieber B.!

Nach meinem Brief an Dich letzte Woche habe ich mich entschieden, eine weitere beziehungsweise eine neue Laufserie zu starten. Diesmal will ich mich auf 70, 80 und 90 Minuten an jeweils sechs Tagen nacheinander beschränken, da während einer Arbeitswoche zeitlich nicht mehr drin ist. Leicht erkältet und nicht mit dem besten Gefühl startete ich. Am zweiten Tag lief ich extrem langsam, um keine größere Erkältung zu riskieren, aber auch mit dem Gedanken, dass ich während des dreiwöchigen Deutschlandlaufes nicht immer topfit sein werde und mal die Zähne zusammenbeißen muss. Solange ich nicht das Gefühl habe, ich mache etwas völlig Unvernünftiges, mache ich es. So riss ich zwei weitere Tage meine 70 Minuten ab, um gestern im Schneetreiben und bei minus sieben Grad den schnellsten Lauf zu machen und heute zum Abschluss bei minus neun Grad und 20 Zentimeter Neuschnee den Abschluss der ersten Woche zu feiern.

Ich hoffe, ich berichte Dir in einer Woche von sechs Läufen über 80 Minuten.

Dein S.

Berlin, den 3. März 2021

Lieber B.!

Im November letzten Jahres fragte mich Anja, ob wir es nicht gemeinsam schaffen könnten, einen Hund zu halten. Ich war leicht zu begeistern, denn ich bin ja mit Hunden groß geworden. Dann besprachen wir, dass sie wegen der Corona-Krise sicherlich noch lange Zeit im Homeoffice arbeiten wird und ich ab April in meinem Sabbatical auch etwas mehr Zeit habe. So holten wir am 6. Dezember Sam, einen Mischling aus Tibetterrier und Pudel, zu uns nach Hause. Am Samstag vor drei Wochen fuhr dann Anja nach Frankfurt zu ihrem Vater, nachdem ich von der Arbeit gekommen war. Auf ihrem Heimweg erledigte sie den Wocheneinkauf, sodass sie gegen 19 Uhr wieder zurück war und ich zu meinem 80-Minuten-Lauf hätte starten können. (Sam bleibt noch nicht so lange allein.) Aber nach drei Läufen über 80 Minuten verzichtete ich und lief lieber am nächsten Tag meinen ersten Halbmarathon des Jahres. Danach konnte ich auch wegen Einkauf, Haushalt, Hund und so weiter nur an zwei Tagen meine 90-Minuten-Läufe machen, schloss dann aber die Woche noch mit einem schnelleren 16-Kilometer-Lauf und dem nächsten Halbmarathon ab.

Ich glaube, man kann gut argumentieren, dass ich natürlich meine Serie hätte laufen können und dass im Moment vielleicht noch der letzte Biß fehlt. Möglicherweise mache ich zu viele Kompromisse. Doch heute gilt es, mehr unter einen Hut zu bringen als früher und die Aussicht auf mein Sabbatical, das in zwei Wochen beginnt und mir hoffentlich so viel Zeit gibt, lässt mich im Moment eventuell noch den Schlendrian raushängen.

Nun habe ich aber auch seit vier Tagen eine Erkältung. Meine Vorsicht, dass Training nicht zu übertreiben, wurde bestätigt oder vielmehr habe ich doch nicht genügend auf meinen Körper gehört. So schwanke ich also etwas. Wäre mein Training an den letzten beiden Februartagen nicht ausgefallen, hätte ich so viele Laufkilometer gesammelt wie noch nie in einem Februar in den letzten 30 Jahren. Allerdings wollte ich auch am 20. März am Schweriner Seentrail über 60 Kilometer teilnehmen und dafür jetzt schon wenigstens einen Marathon gelaufen sein. Da der Lauf wegen der Corona-Krise jedoch abgesagt worden ist, kann ich also meinen ersten Marathon des Jahres auch noch ein bisschen aufschieben. Langsam muss ich dann aber mal vorwärtskommen.

Denn ich habe mich gefragt, ob eigentlich die Schwierigkeit sein wird, dass man beim Deutschlandlauf 21 Tage lang jeden Tag 1,5 Marathons laufen wird oder dass man eben 21 Tage am Stück ohne Pause unterwegs ist. Das lange Laufen kenne ich und kann ich einigermaßen, dachte ich. Aber auch mein längster Wettkampf war nach gut zwei Tagen einmal vorbei und dann konnte ich mich wochenlang ausruhen. Bei diesem Lauf werde ich oft kaputt sein und muss trotzdem am nächsten Tag wieder funktionieren. Das kenne ich weniger und deswegen habe ich im Training öfter diese Laufserien eingebunden. Mittlerweile wächst aber meine Unsicherheit, ob das mit den langen

Strecken noch mal so selbstverständlich wird, wie es einmal war.

Zum Ende hin heute noch ein Gedanke, den ich neulich hatte. Wie bereits erwähnt beginnt in zwei Wochen mein Sabbatical, ein paar Tage Urlaub gehen dem noch voraus. Ich freue mich natürlich. Gleichzeitig befürchte ich oft, dass diese Zeit (das halbe Jahr) ganz schnell vergeht. Dann dachte ich an die eine oder andere Etappe beim Deutschlandlauf, bei der ich wahrscheinlich fluchen werde, dass die Zeit und die Kilometer gar nicht vergehen und dass sich alles immer nur ewig hinzieht.

Dein S.

Berlin, den 23. März 2021

Lieber B.!

Am 18. hatte ich meinen letzten Arbeitstag. Damit hat also am 19. mein Sabbat-Halbjahr begonnen. Ich habe das vorgestern gleich mit einem Marathon erfolgreich gefeiert.

Wie ich geschrieben habe, sollte an diesem Wochenende der Seentrail in Schwerin über 60 Kilometer stattfinden. Wegen der Corona-Pandemie fiel er aus und wegen meiner Erkältung war ich auch noch nicht so fit. Doch ich wollte mein Marathondebüt für dieses Jahr nicht weiter aufschieben und nahm mir vor, dieses auf meinen üblichen Wegen in Altglienicke zu feiern. Egal was komme, sagte ich mir, ich laufe 42 Kilometer, auch wenn es am Ende fünf Stunden oder länger dauert.

Ich startete um 8:30 Uhr bei sechs Grad und Nieselregen vor der Haustür. Nach 1,6 Kilometern war ich auf dem Mauerweg und trottete zwischen Altglienicke, Rudow und Schönefeld hin und her. Ich bog mal links, mal rechts ab und setzte ab und zu eine Schleife dazwischen. Zurzeit laufe ich meistens zwischen 6:10 und 6:30 Minuten pro Kilometer, wenn ich nicht oder nur sporadisch auf die Uhr schaue, was ich mir immer mehr angewöhne. So war ich etwas ernüchtert, als ich nach fünf Kilometern bei einem Tempo von 6:34 war.

Dann hatte ich meine erste von vier größeren Runden gemeistert und erreichte Kilometer 10. Immer noch über 6:30 Minuten pro Kilometer, was aber immerhin auf eine Endzeit von 4:37 Stunden hindeutete. Von Anfang an hatte ich müde und schwere Beine. Aber ich weiß nicht, ob dieses Gefühl mit dem Alter überhaupt noch einmal weggeht. Ich habe die Hoffnung, dass es so ist, wenn ich im nächsten halben Jahr ausreichend Schlaf bekomme. Manchmal denke ich in diesen Momenten, dass es mir einfacher fallen würde schneller zu laufen, statt in dem langsamen Trott immer über die Müdigkeit nachzudenken. Aber wenn du nachher immer noch so denkst, kannst du ja Gas geben, dachte ich.

Durch das trübe nasskalte Wetter war nicht viel los, aber nun gegen 10 Uhr waren dann doch ein paar Läufer unterwegs. Sieht man mir an, dass ich gerade Marathon laufe? Nach einer Schleife über die Wasserbüffelwiese beendete ich die zweite größere Runde und steuerte auf die Halbmarathonmarke zu. In etwa 2:18 Stunden erreichte ich sie.

Ich hatte sechs Gels und eine Banane sowie meinen Trinkrucksack dabei. Nach einem Gel und einem Stück Banane auf der ersten Hälfte gönnte ich mir bei Kilometer 24 das nächste Gel. Nun konnte ich die übrigen Gels jeweils alle weiteren vier Kilometer zu mir nehmen und hatte so meinen Lauf bis zum Ende durchgeplant. Da ich hier jeden einzelnen Meter allzu gut kenne, wusste ich jetzt also immer, wo ich mich bei der nächsten Unterbrechung meines Trotts durch ein Gel befinden müsste.

Nach 28 Kilometern beendete ich die dritte Runde mit meiner kleinen Runde um den Kiesteich am Neudecker Weg, der Rudow und Altglienicke verbindet. Wenn man von hier aus dem Mauerweg ohne Umweg folgt, sind es drei Kilometer bis zur Schönefelder Straße, meinem Umkehrpunkt. So machte ich es und war damit nach 31 Kilometer zum letzten Mal auf dem Rückweg. Ich lief noch immer im gleichen Trott und dafür, dass ich am letzten Sonntag mit 26 Kilometern meine längste Strecke seit Oktober gelaufen war, war ich noch guter Dinge.

Nach 30 Kilometern zeigte meine Uhr 3:16 Stunden an, sodass ich auch mit einem Einbruch noch unter fünf Stunden bleiben müsste. Nach Kilometer 33 drehte ich noch einmal eine Extraschleife hinter der Wasserbüffelwiese, wo mir jetzt der Wind ganz ordentlich entgegen blies. Regen und sechs Grad machen mir nichts aus. Was einem aber immer die Kraft nehmen kann, ist der Wind. Ich schaute nicht mehr auf die Uhr, ich kämpfte mich vorwärts. Zwei Minuten Malus hätte ich mir bis Kilometer 35 gegönnt, aber ich hatte sogar eine Minute gegenüber meinem Trott gewonnen. Wenn du jetzt nicht mehr nachlässt, schaffst du sogar 4:35 Stunden, dachte ich.

Bei Kilometer 38 erreichte ich wieder den Neudecker Weg und bei Kilometer 39 die Stelle, an der ich normalerweise nach Hause abbiege. Also musste noch einmal eine Schleife von etwa zwei Kilometern her. Schließlich erreichte ich Kilometer 40 nach knapp 4:20 Stunden, kämpfte mich die Wegedornstraße hoch und bog in Richtung Zuhause ab. Ich musste noch einmal einen kleinen Umweg über den alten Friedhof nehmen und hatte dann vor der Haustür tatsächlich genau 42,21 Kilometer in 4:34:05 Stunden auf der Uhr zu stehen.

2016 war ich mit ganz großen Hoffnungen zum Rostock-Marathon gefahren und erlebte eine meiner größten sportlichen Enttäuschungen, brach auf der zweiten Hälfte völlig ein und kam nach 4:35 Stunden ins Ziel. Mein Marathon vorgestern in fast der gleichen Zeit hingegen macht mich sehr froh und auch ein wenig stolz. Im letzten Jahr brach ich bei allen vier Marathons einigermaßen heftig ein. Die beste Marathonzeit erzielte ich dann noch beim Sechs-Stunden-Lauf in Bernau mit 4:45 Stunden. Vorgestern nun lief ich allein mit meinem Rucksack und meiner Verpflegung einfach meinen Stiefel herunter. So wünsche ich mir, soll es weiter gehen. Dann wäre ich auf einem guten Weg in Richtung Deutschlandlauf.

Dein S.

Berlin, den 26. März 2021

Lieber B.!

Eineinhalb Jahre berichte ich Dir nun mehr oder weniger regelmäßig von meiner Vorbereitung. Bisher habe ich das Gefühl, dass es ein großes Durcheinander ist und manchmal nur schwer nachvollziehbar, worauf das hinausläuft und vor allem wie ich dahin komme. Im nächsten halben Jahr aber mit dem Beginn meines Sabbaticals, hoffe ich, dass ich alles bündeln und mich auf einen Punkt konzentrieren kann.

Dein S.

Lieber B.!

An den vier vergangenen Tagen bin ich jeweils einen Halbmarathon gelaufen. Beim ersten startete ich mittags und lief 2:06 Stunden. Die nächsten beiden startete ich gegen 9:30 Uhr, nachdem ich um sieben Uhr aufgestanden war. Sieben Uhr ist für mich natürlich eine Aufstehzeit, die an Luxus grenzt. Aber etwas müde aufgrund der Läufe war ich ja trotzdem. Da wurde mir bewusst, wie hart es unter anderem auch werden wird, jeden Tag um sieben Uhr zu einem Ultralauf zu starten. Da die langsameren Läufer (zu denen ich hoffentlich nicht gehöre) auch noch eine halbe Stunde früher starten, ist also ab 4 Uhr schon mit Gewusel in der Gemeinschaftsunterkunft zu rechnen, denke ich.

Übrigens lief ich alle weiteren Halbmarathons in etwa 2:15 Stunden. Den letzten aber erst wieder mittags, weil ich bei meinen Eltern im Düppeler Forst lief. Dann müssen jetzt also bald ein paar Marathons folgen…

Dein S.

Berlin, den 13. April 2021

Lieber B.!

Mit Mitte 40 steht man nicht mehr schmerzfrei auf oder es ist zumindest eine gewisse Schwerfälligkeit da. So auch vorgestern, als ich aufstand, um meinen zweiten Marathon des Jahres und den ersten einer Dreierserie zu laufen. Ich erinnere mich noch gut, dass ich früher direkt nach dem Aufstehen ein Körpergefühl für den Rest des Tages hatte, und wenn ein Marathon anstand, wusste ich schon, wie schmerzvoll oder damals eben auch schmerzfrei er werden würde.

Ich lief um elf Uhr los, etwas spät für einen sonnigen Tag und dafür, dass zum ersten Mal 20 Grad vorausgesagt worden waren. Aber es war Sonntag und ich hatte ein bisschen mit Anja ausschlafen wollen. Ich begann etwas schneller als beim ersten Marathon vor drei Wochen und war guter Dinge, dass ich in etwa viereinhalb Stunden zurück sein würde. Allerdings hatte ich vor, auch an den nächsten beiden Tagen jeweils einen Marathon zu laufen, weshalb ich auch nicht ausschloss, mir am Ende etwas Zeit zu lassen. Ich fühlte mich ähnlich wie vor drei Wochen, eben schwerfällig, aber ich hoffte, dass es sich ergab oder ich einfach wieder über die Runden kommen würde.

Zuerst lief ich Richtung Grünau, dann links ab nach Köpenick, am Schloss vorbei und wieder nach links Richtung Müggelspree. Vor ein paar Wochen war ich hier auf einer 25-Kilometer-Runde entlanggelaufen und dann Richtung Müggelberge abgebogen. Heute lief ich durch den Spreetunnel auf die andere Seite des Müggelsees und durch Friedrichshagen weiter Richtung Rahnsdorf und Wilhelmshagen. Ich hatte 15 Kilometer hinter mir, als ich an der Bahnstrecke abbog und für etwa drei Kilometer neben den Gleisen bis zum Bahnhof in Wilhelmshagen lief. Eine S-Bahn rauschte in Richtung Erkner vorbei. Ich musste den Kopf schütteln. Ähnlich meinem Vater komme ich manchmal nicht damit klar, wie schnell die Zeit vergeht und vielleicht sogar nicht damit, dass alles vergeht. Möglicherweise haben mich diese Gedanken auch mit in die Krise gestürzt. Auf jeden Fall weiß ich aber, dass dieses Erinnern, wenn es in einer gewissen Häufigkeit vorkommt, mir nicht gut bekommt. Denn darüber vergisst man, was man gerade hat, was man gerade erlebt und die viele Zeit, die noch vor einem liegt. Aber in dem Moment, in dem ich neben der S-Bahn herlief, sah ich mich, wie ich mit 19 Jahren jedes Wochenende von Wannsee nach Erkner fuhr, auf dem Weg zur ersten großen Liebe, wo nichts zählte außer dieser Liebe. Es war auch die Zeit, in der ich viele Bücher von Stephen King las (Hey-ho Silver los!) und bestimmt auch manches Mal aus dem Fenster sah in diesen mir unbekannten Wald. Sag dem 19-jährigen Burschen da in der S-Bahn, auch die erste große Liebe vergeht und 27 Jahre später wohnst du ganz hier in der Nähe mit Frau und Hund und bist dabei für den Deutschlandlauf zu trainieren, von dem du in dieser Zeit allerdings auch manchmal schon geträumt hast. Denn das Buch von Helmut Linzbichler über das Trans America Footrace und Berichte von Stefan Schlett über ähnliche Abenteuer hatte ich bereits verschlungen. Warum nur dauerte es 27 Jahre bis hierhin?

Ich hatte das Handy am Arm (davon wusste man vor 27 Jahren auch noch nichts), darauf wieder komoot laufen und ließ mir die Abzweigungen über einen Knopf im Ohr mitteilen. Ich bin zwar kein Fan davon, etwas auf dem Ohr zu haben und von der Umwelt nicht alles mitzubekommen, aber noch weniger möchte ich stehen bleiben, um auf eine Karte zu gucken.

Schließlich bog ich von den Schienen ab, lief am Dämeritzsee vorbei und am Gosener Kanal entlang. Hier hatte ich die Hälfte in circa 2:15 Stunden hinter mir. Ich dachte daran, wie ich vor etwa vier Monaten diesen Lauf auf komoot geplant und mich darauf gefreut hatte, in gewisser Weise an einem Traum zu basteln. Jetzt am Gosener Kanal lebte ich diesen Traum, wusste allerdings noch nicht, dass man auch in seinem Traum einige Schmerzen haben kann.

Vom Kanal bog ich nach etwa zwei Kilometern wieder ab und lief ein bisschen kreuz und quer durch den Wald, um nach circa 30 Kilometern am Kleinen und dann am Großen Müggelsee zu landen. Hier machten mir dann die Sonne und die 20 Grad etwas zu schaffen. Außerdem herrschte trotz Pandemie reger Ausflugsverkehr. Ich hätte gerne eine Gehpause eingelegt, etwas gegessen und getrunken, aber die Sonntagsausflügler nervten mich. Ich wusste, dass ich nach 36 Kilometern abbiegen und wieder meine Ruhe haben würde. So war es auch, doch ich hatte mich etwas übernommen. Ich schleppte mich Richtung Altstadt Köpenick, durch sie hindurch, lief einen Kilometer und ging 100 Meter, auch im Gedanken daran, was ich mir morgen und übermorgen vorgenommen hatte. Nach 40 Kilometern kam ich in Grünau an, überquerte den Teltowkanal und bog Richtung Zuhause ab. Leider erholte ich mich gar nicht mehr und erreichte die Marathonmarke nach 4:43 Stunden etwa 200 Meter vor meiner Haustür. Die Uhr stoppte ich also bei 42,4 Kilometer in 4:44:57 Stunden. Ich war im Eimer und trank den ganzen Abend lang wahnsinnig viel. Der Trinkrucksack mit einem Liter Fassungsvermögen sowie die Hydrogels hatten nicht ausgereicht.

Gestern war ich nicht besonders motiviert. Es wurden auch nur sieben Grad und blieb den ganzen Tag bewölkt. Eigentlich mein Wetter, aber nach der Sonne am Tag zuvor irgendwie unangenehm. Ich lief von zu Hause aus den

Mauerweg entlang in Richtung Innenstadt. Ich wusste, dass es nach circa zehn Kilometern ungemütlich wird, denn ab der Sonnenallee nehmen der Verkehr und die Ampeln stark zu. Ich hoffte, dass ich mich trotzdem bis Kilometer 15 durchbeißen würde, um dann zu Hause in meiner üblichen Laufrichtung noch mal die fehlenden Kilometer zu laufen. Ich startete wieder um elf Uhr und blieb pro Kilometer knapp unter sieben Minuten. Das erfordert Geduld heute, dachte ich, aber ich hatte nichts anderes erwartet. Nach sechs Kilometern hatte ich die erste größere Krise: Ich hatte keinen Bock mehr. Ich bog vom Teltowkanal ab, lief an der Kaffeefabrik vorbei und überquerte die Sonnenallee. Am Heidekampgraben entlang und bis zur Kiefholzstraße lief es nicht so schlecht. Aber nach zwölf Kilometern wurde es eklig. Autos, Verkehr, Gestank. Dazu die kalte, regnerische Luft. Aber mit jedem Meter, den ich weiterlief, musste ich auch einen Meter weiter zurücklaufen. Nach 13,5 Kilometern reichte es mir aber und ich drehte um. Nach 18 Kilometern war ich zurück am Teltowkanal und dank Rückenwind lief es besser. Doch immer mehr wurde mir klar, dass ich keinen Marathon laufen würde. 30 Kilometer sind im Moment eine Belastung, die ich gut hinkriege, Marathon ist ein anderes Level. So lief ich kurz vor dem Abzweig vom Mauerweg Richtung Zuhause nur noch eine kleine Runde und stand schließlich nach 31 Kilometern vor der Haustür. Ich war zufrieden, denn einen Tag nach einem Marathon 31 Kilometer im gleichen Tempo zu laufen, ist doch okay.

Für heute hatte ich beschlossen, den Mauerweg in Richtung meiner Eltern zu laufen, also an der südlichen Stadtgrenze entlang. Um aber nicht meine übliche Strecke zu

Beginn zu laufen, fuhr ich mit dem Auto bis zum Zwick-auer Damm vor. Ich startete wieder um elf Uhr und kam an einer Stelle auf den Mauerweg, an der ich sonst acht Kilometer hinter mir habe. Von vorneherein war heute klar, dass ich nur 30 Kilometer laufe, es sei denn, es würde ein Wunder geschehen. Wie gestern fühlte ich mich zu Beginn gar nicht so schlecht und war auch ein paar Se-kunden pro Kilometer schneller unterwegs. Doch wieder kam es nach etwa sechs Kilometern zur völligen Motivati-onslosigkeit. Drehe ich jetzt um oder bei Kilometer 10? Wie weit quäle ich mich noch? Nach zehn Kilometern erreichte ich Lichtenrade und ein Stück Wegstrecke, wel-che vom eigentlichen Mauerverlauf abweicht. Man muss nach Lichtenrade hinein, Bahngleise überqueren und kehrt nach knapp zwei Kilometern auf den Mauerweg zurück. Ich war völlig unmotiviert, dort entlangzulaufen und dann auch wieder auf dem Rückweg, denn Gehweg und Straßen sind beschissen gepflastert. Aber natürlich überstand ich es und zurück auf dem Mauerweg schlug ich mich auch noch bis Kilometer 15 durch. Dort drehte ich allerdings sofort um, würde nun aber zu Hause wenigstens wieder eine „3" bei der Kilometerzahl vorne stehen haben. Die Kilometer zogen sich, aber hinter der Pflasterpassage erreichte ich wieder die Halbmarathonmarke und dachte daran, dass ich jetzt genau das tue, wofür ich mein Sabba-tical habe. Um frei zu sein und einfach nur zu leben. So leben wie ich es am liebsten tue: laufend.

Bei Kilometer 28 wollte ich ein letztes Mal aus meinem Trinkrucksack einen Schluck Iso ziehen. Ich merkte jedoch, er war schon leer. Das hatte ich an den letzten beiden Tagen nicht geschafft. Wird es also wärmer, muss ich auf jeden Fall noch für mehr Nachschub sorgen. Am ersten Tag mag es noch gut gehen, an den darauffolgenden Tagen ist der Durst aber größer. Schließlich stand ich nach 30 Kilometern wieder am Auto und war zwölf Sekunden pro Kilometer schneller gewesen als an den beiden Tagen zuvor. Ich brauchte auch nicht lange, um mich zu erholen und um zurückzufahren. Ich bilanziere an den letzten drei Tagen 103,7 Kilometer in elfeinhalb Stunden.

Dein S.

Berlin, den 19. April 2021

Lieber B.!

Ich war etwas erstaunt, dass Anja nach diesen drei Lauftagen sagte, sie sei etwas enttäuscht. Zumindest, sagte sie, sei sie überrascht, dass ich meine drei Marathons nicht gelaufen bin. Eigentlich kenne sie mich so, dass ich durchziehe, was ich mir vorgenommen habe.

Ich wiederum war überrascht, dass sie das so einordnete. Hintergrund ist, dass sie mich beim Deutschlandlauf in der letzten der drei Wochen mit einem Wohnmobil begleiten möchte. Aber wie soll man es planen, wenn man gar nicht weiß, ob ich in der letzten Woche noch dabei bin?

Mir haben diese drei Tage aber eher Mut gemacht, da ich mich von einem zum nächsten Tag ganz gut erholt hatte und laufen in einem vernünftigen Tempo überhaupt möglich war. Mein Problem war oder besser gesagt ist, dass ich im Training laufen und nicht gehen möchte. Sicherlich hätte ich am zweiten Tag die fehlenden elf Kilometer noch geschafft, aber eben nur mit Geduld und Spucke und mit ein paar Geheinlagen. Dafür war ich nicht bereit und sehe das aber auch nicht als dramatisch an.

Andererseits – überspitzt formuliert – ist das jetzt mein Job. Man kann nicht, nach dem man dreiviertel seiner Arbeit erledigt hat, den Rest stehen und liegen lassen.

Ich habe über meinen Schreibtisch eine Liste mit zehn „Besonderheiten 2021 / Sabbatical" gehängt. Diese haben sich im letzten halben Jahr herauskristallisiert, wenn ich über meine freie Zeit und die Vorbereitung auf den Deutschlandlauf nachgedacht habe. Wenn ich diese zehn Besonderheiten erledigt und geschafft habe, bin ich vielleicht für den Lauf bereit. Drei Marathons an drei aufeinander folgenden Tagen ist nach der Laufserie, die ich im Februar gemacht habe, der zweite Punkt, den ich jetzt abhaken kann. Oder nicht? Für mich einerseits schon. Aber wenn ich in den kommenden Wochen denke, dass die Möglichkeit, drei Marathons an drei Tagen hintereinander zu laufen noch einmal da ist, werde ich es probieren. So habe ich den Haken dahinter also noch nicht gesetzt.

Dein S.

Berlin, den 21. April 2021

Lieber B.!

Für den Deutschlandlauf völlig belanglos: Aber heute bin ich zum ersten Mal seit eineinhalb Jahren wieder einen Halbmarathon unter zwei Stunden gelaufen. Und das, nachdem ich gestern den kompletten Mauerweg mit dem Fahrrad abgefahren bin. Es war ein Punkt auf meiner „Sabbatical-Liste", und am Ende waren es 167 Kilometer, für die ich rund siebeneinhalb Stunden unterwegs war. Deshalb war ich heute also alles andere als ausgeruht und habe demnach sogar Potenzial für noch schnellere Zeiten. Aber wie gesagt, für den Deutschlandlauf belanglos, denke ich. Aber es gibt Mut und es macht Freude, auch mal wieder schneller laufen zu können. Denn ich habe mich jetzt schon sehr lange und sehr oft in einem Trott fortbewegt, der manchmal auch viel Geduld erfordert.

Dein S.

Berlin, den 20. Mai 2021

Lieber B.!

Wenn man sich nicht entscheiden kann und zu viel auf einmal will ... ist man plötzlich verletzt.

Ende April lief ich meinen dritten Marathon. Zum zweiten Mal lief ich in einem großen Bogen um den Müggelsee und war 20 Minuten schneller als beim ersten Mal. Mit einer Marathonzeit von 4:22 Stunden kann man sich doch langsam wieder blicken lassen, dachte ich mir. Zudem ich die zweite Hälfte deutlich schneller war und am Ende sogar dachte, dass ich noch weiter hätte laufen können.

Zwei Tage später lief ich 20 Kilometer in einem etwas flotteren Tempo und wiederum drei Tage später wollte ich noch einmal einen schnelleren Halbmarathon laufen. Das gelang mir auch, aber Knie- und Hüftschmerzen waren nicht zu ignorieren. Wiederum zwei Tage später und damit eine Woche nach dem Marathon hatte ich mir vorgenommen, 35 Kilometer im Grunewald zu laufen. Von vornherein wusste ich, dass ich die Laufzeit ignorieren musste und tat das auch. So war ich am Ende mit 34,8 Kilometern in 3:48 Stunden sehr zufrieden.

Tags darauf setzte ich mich auf den Hometrainer und einen weiteren Tag später startete ich zu einem einstündigen Lauf, bei dem ich aber nur noch humpelte und das Tempo auch nach dem ersten Kilometer bei über sieben

Minuten pro Kilometer blieb. Ich entschied mich, nach sieben Kilometern nach Hause zu laufen. Es folgte ein Tag Gymnastik und ein Tag mit einer 70-Kilometer-Radtour. Sonntags war ich bei meinen Eltern und lief 18 Kilometer wieder in einem Tempo von unter sechs Minuten pro Kilometer. Aber bei jedem Schritt schmerzte der rechte Oberschenkel. Ich denke dann immer und dachte das auch an diesem Tag, dass ich die Schmerzen (den Muskelkater) nur rauslaufen muss. Es gelang mir nicht und es wurde sogar schlimmer. Nach zwei Tagen Laufpause schaffte ich zehn Kilometer nur noch in einem Tempo von 7:20 Minuten pro Kilometer. Am nächsten Tag sackte ich ab auf fast acht Minuten und konnte mit dem rechten Bein kaum noch auftreten. Jetzt konnte ich nicht mehr ignorieren, dass ich nicht nur einen Muskelkater und müde Beine hatte.

Ein paar Fehler habe ich festgestellt:

1) Beim Deutschlandlauf laufe ich 21 Tage nacheinander jeden Tag 60 Kilometer. Da werde ich mehr Schmerzen haben. Schmerzen nach einem Marathon und ein paar 20-Kilometer-Läufen können schon nicht so schlimm sein, dachte ich.

2) Ich will zurzeit viel laufen, aber ich will auch ab und zu schnell laufen. Das verträgt sich nicht. Wenn man den Laufumfang verdoppelt, kann nicht noch jede Woche eine Bestzeit purzeln.

3) Man muss immer, stets und permanent auf sein Gefühl hören. Beim Marathon fühlte ich mich pudelwohl. Es war okay, die zweite Hälfte viel schneller zu laufen. Beim Halbmarathon fünf Tage später waren meine Muskeln nicht bereit für einen schnellen Lauf.

Seitdem ist eine Woche vergangen. Die Schmerzen im Oberschenkel spüre ich täglich, aber sie werden weniger. Gleich werde ich es riskieren und gehe laufen. Aber ich habe mir vorgenommen, mit einem Kilometer gehen anzufangen, dann einen Kilometer zu laufen, wieder einen Kilometer zu gehen und so weiter.

Ich trage ja schon fast mein ganzes (Lauf-) Leben eine Einlage, weil mein rechtes Bein kürzer ist. Eigentlich wollte ich diesen Umstand schon längst mal wieder untersuchen lassen. Nächste Woche habe ich jetzt einen Termin. Wenn ich dann so langsam wieder in Fahrt komme, habe ich nicht zu viel Zeit im Hinblick auf den Deutschlandlauf verloren, denke ich. Aber es ist hart, wenn man zum Nichtstun gezwungen und dabei voller Tatendrang ist. Wenigstens zwei Marathons konnte ich jetzt in dieser Laufpause (sie ist ja noch nicht beendet) nicht laufen. Außerdem habe ich eine dreitägige Reise mit Rupert in den Harz geplant. Das Planen solcher Touren, wenn man verletzt ist, setzt sich dann immer aus einer Mischung von Vorfreude und Bangen zusammen. Genauso das Planen einer Woche Urlaub mit Anja Anfang Juli. Wie ich neulich festgestellt habe, sind wir ganz in der Nähe von Kappeln, dem ersten Etappenort des Deutschlandlaufes. Das heißt, ich werde ein Stück der Strecke schon mal ablaufen können.

Drück mir die Daumen!

Dein S.

Berlin, den 21. Mai 2021

Lieber B.!

Wenn ich gehe, ist das kein Lauftraining. Also stoppe ich auch die Uhr.

So habe ich das in den letzten 30 Jahren gehandhabt. Wenn es mir im Training mal wirklich so schlecht ging, dass ich gehen musste, habe ich das Training abgebrochen. Der Heimweg, den ich nur noch gehend bewältigt habe, zählte dann nicht mehr dazu.

Gestern bin ich wie angekündigt losgegangen, nach 500 Metern ein Stück gelaufen, wieder gegangen und so weiter. Am Ende war ich auf 5,5 Kilometern circa 60 Prozent gelaufen und den Rest gegangen und hatte im Schnitt ein Tempo von 8:40 Minuten pro Kilometer geschafft. Vor einer Woche war das eine Niederlage, heute ist es ein Riesenerfolg, vor allem auch, weil die Schmerzen im Oberschenkel nicht so heftig waren. Vermutlich hätte ich „Gehen" schon viel eher ins Training einbauen müssen. Denke an die drei Marathons, die ich Anfang April laufen wollte und verkürzte, weil ich laufen und nicht gehen wollte. Man lernt nie aus. Auch nach 30 Jahren Lauferfahrung nicht.

Dein S.

Berlin, den 30. Mai 2021

Lieber B.!

Vor fünf Tagen habe ich einen Belastungstest gemacht und bin einen Halbmarathon in 2:35 Stunden gelaufen. Die Schmerzen im Oberschenkel sind anfangs (auch bei anderen Läufen) immer da, werden besser, gehen aber nie vollständig weg. So war es auch gestern, als ich zu meinem nächsten Marathon aufbrach.

Ich startete bei meinen Eltern, war nach fünf Kilometern in Richtung Kohlhasenbrück unterwegs und fühlte das erste Mal, dass ich in meinen Rhythmus komme, zwar nicht ganz schmerzfrei, aber mit dem sicheren Gefühl, meinem Körper nicht zu viel zuzumuten. Am Griebnitzsee, an dessen Ufer ich Kilometer 10 erreichte, wurde ich aber dennoch sehr langsam. Meine Zielzeit war 5:15 Stunden. Wenn ich nicht wegen Oberschenkelproblemen aufgeben müsste, wollte ich aber trotzdem nicht noch länger laufen. Ich wusste, die Sorgen zu Hause würden da sein, wenn ich einen Marathon nicht in dieser Zeit nach Hause brachte.

Ich überquerte die Königstraße, lief an der Glienicker Brücke vorüber und erreichte an der Havel Kilometer 13. Langsam kam ich in Tritt und fühlte, dass die Kilometerzeiten wieder besser wurden. Mit einem Blick auf die Uhr stellte ich das allerdings noch nicht fest. Nach einem Drittel war ich bei 1:45 Stunden. Aber ich genoss den Weg und überlegte, wann ich hier am Havellauf teilgenommen hatte und die 14-Kilometer-Strecke in gut einer Stunde gelaufen war. (Zu Hause habe ich festgestellt, dass es 1992 war. Ich lief mit 17 Jahren 1:01:25, was einem Kilometerschnitt von 4:23 Minuten entspricht.)

Hinter dem Flensburger Löwen und am Großen Wannsee entlang lief ich gestern mit 6:40 Minuten meinen schnellsten Kilometer. So erreichte ich die Halbmarathonmarke an der Wannseebrücke in 2:36 Stunden. Ich bog ab Richtung Grunewald, fühlte mich einigermaßen und wusste, jederzeit könnte ich jetzt auch eine Abkürzung nehmen. Weiter ging es am Strandbad Wannsee vorbei und ein Stück entlang der Strecke, die ich vom Berlinman Triathlon kenne. Dann war ich auf der Havelchaussee und lief zum Grunewaldturm hoch. Kilometer 28 erreichte ich in 3:25 Stunden. Hinauf zum Grunewaldturm verlor ich etwas Zeit, aber auf der anderen Seite und bergab konnte ich auch nicht schneller laufen. Dann nahm ich auch noch einen falschen Weg und musste bei Kilometer 33 erst einmal auf dem Handy schauen, wo ich war.

Bei all diesen Läufen lasse ich das Livetrack von Garmin mitlaufen, sodass Anja immer weiß, wo ich bin. Sicher ist sicher. Gestern setzte es aber an dieser Stelle aus und sie dachte die nächsten eineinhalb Stunden, ich wäre irgendwo im Grunewald geblieben. Dabei ging es mir wieder gut. Ich hatte die Orientierung zurück, bog auf den Kronprinzessinnenweg ein und zur Krummen Lanke ab. Ich wollte gerne jeden weiteren Kilometer in sieben Minuten laufen und schaffte das auch. An der Krummen Lanke angekommen hatte ich fast ein paar Tränen in den Augen. Es war ein Kampf – die letzten Wochen und auch heute bis hierher – aber ich würde es schaffen. Weiter ging es am Schlachtensee und dann durch die Breisgauer Straße, die ich früher so oft entlanggefahren war, wenn ich morgens um 6 Uhr im Schlachtensee schwimmen war. Dann musste ich noch einen kleinen Bogen machen und stand schlussendlich nach 42,3 Kilometern in 5:08 Stunden wieder bei meinen Eltern vor der Tür.

Dein S.

Berlin, den 16. Juni 2021

Lieber B.!

Anfang Juni war ich mit Rupert im Harz. Donnerstags fuhren wir mit dem Rennrad von unserer Unterkunft in Bad Sachsa zum Kyffhäuser-Denkmal. 120 Kilometer in fünf Stunden. Freitags fuhren wir hinauf zum Brocken. 90 Kilometer in gut vier Stunden. Samstags fuhr Rupert Rennrad und ich lief eine 26-Kilometer-Runde in 3:20 Stunden. Im Nachhinein war es eine schöne Laufrunde, doch unterwegs musste ich gerade auf dem ersten Teil zur Orientierung oft aufs Handy schauen. Während ich beim Radfahren keine Schmerzen hatte, ist der Schmerz im rechten Oberschenkel beim Laufen weiter zu spüren. Doch nach den Belastungen der letzten Tage kein Wunder, denke ich.

Der Orthopäde übrigens meinte, dass es eine Schleimbeutelentzündung sei. Man brauche Geduld und wenn ich schon das Gefühl habe, ich sei auf dem Weg der Besserung, dann solle ich mit meiner Erfahrung einfach so weiter machen. Selbst Marathonläufer konnte er die Lage gut einschätzen, denke ich, und wünschte mir viel Glück für den Deutschlandlauf, dem nichts im Wege stehen sollte.

Vor drei Tagen bin ich dann endlich nach Frankfurt (Oder) gelaufen. Mein erster Ultralauf in diesem Jahr und ein Vorhaben, das ich seit Mitte Mai immer wieder verschieben musste. Auf meiner „Sabbatical-Liste" steht es als „Erkner – Frankfurt (Oder) per pedes (60 km)".

Noch mal drei Tage vorher war ich mit dem Rad die ersten gut 20 Kilometer zwischen Erkner und Fürstenwalde abgefahren. Nach den Erfahrungen vom Harz wusste ich so, als ich am Sonntagmorgen um sieben Uhr in Erkner am Bahnhof stand, erst mal, wo es lang ging. Nach einem Kilometer bog ich auf den Oberförstereiweg ab, den ich circa sieben Kilometer entlanglief. Wie immer fühlte ich mich nicht sehr frisch und ausgeruht und orientierte mich an 7:30 Minuten pro Kilometer. Das gelang mir anfangs. Als ich mich besser fühlte, war ich seltsamerweise dann aber für ein paar Kilometer noch langsamer.

In den nächsten Tagen habe ich mir noch ein oder zwei lange Läufe vorgenommen. Denn danach ist Anja für eine Woche verreist und ich bin allein mit Hund zu Hause. Da er noch nicht lange allein bleibt, werde ich also eine Woche lang nicht laufen. Es ist besser, denke ich, gar nicht zu laufen, als eine halbe Stunde und die mit schlechtem Gewissen. Stattdessen kann ich meinem Körper Ruhe gönnen und mich ab und zu auf den Hometrainer setzen. Auch daran dachte ich, als ich bei Kilometer 14 Hangelsberg erreichte und mich irgendwie besser fühlte, aber eben auch nicht einfach gut. Oft sage ich mir, dass ich beim Deutschlandlauf viele Schmerzen haben und mich viel quälen werde. Aber muss es jetzt schon in jedem Training sein? Ab und zu wäre es schön, im Training und zumindest auf den kürzeren Strecken wieder schmerzfrei „normales" Tempo zu laufen.

Ich überquerte eine Straße und folgte dann dem „Weg zum Friedwald". Schon im Harz war ich durch einen Friedwald gelaufen. Als ich Anja davon erzählt hatte, fing sie laut zu überlegen an, ob das auch etwas für sie einmal wäre. Und im Gedanken daran musste ich plötzlich an die Menschen denken, die mir auf meinem Weg bis heute begegnet und nicht mehr da sind. Wenn es auch bei all meinem Gejammer über Schmerzen nicht so ankommt, ich bin unendlich dankbar, dass mir die Möglichkeit gegeben wird, an diesem Deutschlandlauf teilzunehmen. Sollte ich jedem, der mir nahestand und verstorben ist, eine Etappe widmen? Christian, Opa, Gisela, Opa, Oma, Luzia, Helga...

Die gesamte Strecke entlang lief ich in der Nähe der Bahnschienen, die Berlin und Frankfurt (Oder) verbinden. Kurz vor Fürstenwalde überquerte ich sie und lief nun rechts neben ihnen. Die Halbmarathonmarke erreichte ich hier in 2:38 Stunden. Ich war im Soll, denn mit Anja war ich in Briesen bei Kilometer 42 verabredet. 5:15 Stunden hatte ich vorausgesagt. Also durfte ich jetzt nicht langsamer werden. Aber es rollte gut und bis Kilometer 30 holte ich sogar etwas Zeit auf. Dann kam ich langsam in Richtung Dehmsee, wo ich mich zuerst mit Anja hatte verabreden wollen. Im Nachhinein war ich sehr froh, dass ich mich anders entschieden hatte. Am Dehmsee gab es nämlich fast kein Durchkommen. Ein schmaler Pfad, der kaum zu sehen war und immer wieder von Baumstämmen und Geäst überlagert wurde, machte das Laufen teilweise unmöglich. Ich verlor die herausgelaufene Zeit, war zwar einerseits sauer, aber irgendwie auch so fit, dass ich mich nicht allzu sehr grämte. Bei Kilometer 37 hatte ich das Stück hinter mir, lief nun Briesen entgegen und freute mich auf Anja. Kilometer 40 war dann am Ende auch der schnellste Kilometer. Zwar bog ich falsch ab, aber das bedeutete nur, dass ich die Bahnhofstraße in Briesen etwas länger laufen musste, bis ich auf Anja traf. 42 Kilometer in 5:14 Stunden.

Ich zog mich um, trank, aß, wir quatschten. Eile war nicht geboten. Das alles ist ja mehr ein Abenteuer als ein

Wettlauf. Um kurz nach halb eins lief ich weiter und war guter Dinge, dass ich um 15 Uhr in Frankfurt wäre, um mit Anja und ihrem Papa Kaffee zu trinken. Aber erst mal lief ich über die Bahnschienen, obwohl ich gerade noch geschaut hatte, dass ich vorher rechts abbiegen musste. Ich merkte, dass der Akku meiner Kopfhörer leer war und deswegen die Anweisung ausgeblieben war. Also erhöhte ich die Lautstärke des Handys und hoffte, dass mich die lauten Streckenanweisungen nicht nerven würden.

Die ersten Kilometer nach der Pause fielen mir schwer. Vielleicht war ich doch zu lange stehen geblieben? Dann erreichte ich eine Brücke, mittels derer ich die Bahn diesmal unterqueren sollte. Doch der Weg war in jede Richtung mit einem Bauzaun abgesperrt. Ich entschied mich, nicht auf die andere Seite zu wechseln, sondern geradeaus weiter durchs Gestrüpp zu laufen. Nach meiner Karte müsste dort nach 500 Metern wieder ein Weg beginnen. So war es glücklicherweise auch und nach 48 Kilometern erreichte ich dann Jacobsdorf. Ich lief einen schönen Feldweg entlang und näherte mich Pilgram. Die Beine waren jetzt sehr schwer, aber noch war die Zeit in Ordnung. Kilometer 50 erreichte ich genau im Plan nach 6:45 Stunden.

Die nächsten sechs Kilometer waren auf einem festen Feld- und Waldweg gut zu laufen. Doch jetzt war ich müde und verlor Zeit. Erst als ich einen kleinen Anstieg im Wald hinter mir hatte, konnte ich bergab wieder etwas zulegen. Außerdem sah ich auch die ersten Hinweisschilder nach Frankfurt und auf einen Imbiss. Diesen Imbissparkplatz erreichte ich bei Kilometer 57. Dann ging es langsam in die Stadt hinein. Autos und Menschen ... hatte ich die letzten sieben Stunden fast gar nicht gesehen.

Die Fürstenwalder Poststraße war ich schon im Wald entlanggelaufen. Auch außerhalb heißt sie so. Hier erreichte ich bei Kilometer 58 die Stadtgrenze. Etwa zwei Kilometer später bog ich rechts ab und hatte die verlorene Zeit wieder aufgeholt. Jetzt kannte ich mich aus, wechselte die Straßenseite und bog links ab. Ich schluckte und ballte die Faust. Unterfangen gelungen. In zwei Monaten werde ich 21 Mal nacheinander solch eine Strecke laufen müssen. Aber egal. Noch einmal links und dann war ich da. 62,1 Kilometer in 7:44 Stunden. Kilometerschnitt 7:29 Minuten.

Am nächsten Tag musste ich mein Auto in Erkner wieder abholen. Ich lief etwas staksig los, fing mich dann durch Köpenick hindurch, aber kaum im Wald konnte ich mich gehen lassen und wurde langsamer. Man kommt auch langsam ans Ziel, aber diese unendliche Geduld, die man haben muss... Am Ende waren es 22 Kilometer, für die ich 2:45 Stunden benötigte.

Ich hoffe, diese Erfahrungen sind gut und sind wertvoll. Aber schön wäre es, jetzt mal wieder „einfach zu laufen". Wie erwähnt in den nächsten Tagen stehen noch einmal zwei lange Läufe bei (leider) über 30 Grad an. Danach hoffe ich auf Erholung und einen Trainingseffekt, der sich einstellt.

Dein S.

Berlin, den 20. Juni 2021

Lieber B.!

Ein Punkt auf meiner Liste von zehn Dingen, die ich während des Sabbaticals und während der Vorbereitung auf den Deutschlandlauf machen wollte, war, morgens die 37 Kilometer von mir zu Hause über den Mauerweg zu meinen Eltern zu laufen und am Nachmittag wieder zurück. Der Gedanke war einerseits, dass ich somit an einem Tag über 70 Kilometer gelaufen wäre und in etwa die längste Etappe während des Deutschlandlaufs simuliert hätte. Andererseits dachte ich, durch den längeren Aufenthalt bei meinen Eltern könnte ich mich gut versorgen und auch den Rückweg in angemessenem Tempo laufen.

Es kam anders.

Die ganze Woche waren Temperaturen von über 30 Grad vorausgesagt worden. Ich entschied mich, bereits am Donnerstag zu meinen Eltern zu fahren und zurückzulaufen. Gestern, am Samstag wollte ich dann hinlaufen, um mein Auto wieder abzuholen. So würden es immerhin zwei Läufe innerhalb von drei Tagen über 37 Kilometer werden. Da ich bis sieben Uhr schlief und dann in Ruhe nach dem Frühstück losfuhr, startete ich den ersten Lauf am Donnerstag um elf Uhr. Es waren schon 30 Grad und es wurde noch wärmer. Aber egal, dachte ich, beim Deutschlandlauf wirst du jeden Tag in der Mittagshitze unterwegs sein.

Die ersten drei Kilometer waren noch in Ordnung. Danach wurde ich schon deutlich langsamer. Egal, dachte ich weiter. Mit einem Tempo von acht Minuten pro Kilometer kannst du bei diesem Wetter und später beim Deutschlandlauf vollauf zufrieden sein. Und der 60-Kilometer-Lauf nach Frankfurt liegt ja auch erst vier Tage zurück. So kam ich bis zur Halbmarathonmarke. Dann war Schluss. Ich hatte zwei Liter zu trinken im Rucksack und auch genug zu essen dabei. Das Problem war, dass ich meinen

Kopf beziehungsweise den Körper nicht herunterkühlen konnte. Nach Kilometer 23 machte ich die erste längere Gehpause. Ab Kilometer 27 ging ich fast durchgängig bis nach Hause. Am Ende benötigte ich für die 37 Kilometer 5:20 Stunden und hatte die Erkenntnis, dass ich gehend auch einen Kilometer in zehn Minuten schaffe und dementsprechend sechs Kilometer in der Stunde. Das Mindesttempo beim Deutschlandlauf wird mit 5,5 Kilometern pro Stunde angegeben. Das kann ich demnach einhalten. Aber für mich soll es ja ein Deutschlandlauf sein und kein Deutschlandgang.

Die Ernüchterung zu Hause war dann groß. Ich fand die Vorstellung, einmal innerhalb von drei Wochen durch Deutschland zu laufen bisher immer sehr romantisch. Die Zeit, die man hat... Was einem widerfährt, sowohl körperlich als auch seelisch, alles zu sehen, zu fühlen, zu spüren. Die Morgen, die Weite, die Ruhe, vielleicht auch mal Hektik und Stress im Gegensatz. Aber mittlerweile glaube ich, dieser Lauf wird alles andere als romantisch.

Auch fürchte ich hin und wieder, dass ich gerade wegen meines Sabbaticals zu viel Zeit habe und mich zu sehr damit beschäftige und dann nach zwei, drei Tagen die Qual und darüber die Enttäuschung vielleicht zu groß ist, sodass ich schon wieder nach Hause fahren möchte, weil ich einfach körperlich und geistig nicht in der Lage bin... Daher mein Motto, dass ich immerhin bei diesem Trainingslauf kreieren konnte: „... bis ich aus dem Zeitlimit falle".

Allerdings bin ich im Herbst 2019, als ich mich zu diesem Lauf angemeldet habe, noch zwei Marathons relativ problemlos in 4:10 Stunden gelaufen bin. Damals war es nicht zu erahnen, dass ich danach einen läuferischen Neubeginn starten musste, der bis heute noch nicht abgeschlossen zu sein scheint.

Übrigens verwarf ich den Plan, gestern wieder zu meinen Eltern zu laufen und mein Auto abzuholen. Noch mal 37 Kilometer fast gehend … Nein, danke. Ich lief stattdessen lieber dreimal. Morgens um sieben, mittags um zwölf und um 17 Uhr noch einmal und immer etwa eine Stunde. Keine Ahnung, ob das Sinn machte. Aber macht Laufen bei 34 Grad überhaupt Sinn?

Dein S.

Berlin, den 12. Juli 2021

Lieber B.!

Manchmal weiß ich noch gar nicht, was ich Dir schreiben werde, wenn ich mich hinsetze, um Dir von meinem Training zu berichten. Ich denke an die vergangenen Tage oder Wochen und die Worte fließen dann meistens. Heute früh, als ich wusste, dass ich gleich Zeit haben würde, Dir zu schreiben, dachte ich, dass das Wort „verzweifelt" ganz gut auf die letzten Ergebnisse passt und im Grunde genommen auch auf mein gesamtes Training.

In Vorbereitung auf den Triple-Ultra-Triathlon schrieb ich Dir davon, am Fuß eines Bergs zu stehen und mit jedem Training, diesen ein Stück emporzuklettern. Dieses Mal fühlt es sich leider ganz anders an.

Beispiel 1: Im April telefonierte ich mit Henrik und er sagte, er würde mich gerne mal bei einem Trainingsmarathon begleiten. Ich erwiderte, bis Ende Juli will ich 15 Mal mindestens einen Marathon gelaufen sein. Da wird sich schon was ergeben. Nun bin ich bis heute nur sechsmal 42 oder mehr Kilometer im Training gelaufen. Und Henrik und ich fanden auch keine gemeinsame Zeit.

Beispiel 2: Schon oft erwähnt habe ich meine Sabbatical-Liste von zehn Dingen, die ich auch in Vorbereitung auf den Deutschlandlauf machen möchte. Ich konnte bis jetzt drei Haken setzen.

So bin ich heute also „verzweifelt". Vieles scheiterte an meinen Problemen mit dem Oberschenkel. An vielem scheiterte ich aber auch, weil ich wahrscheinlich mit der falschen Einstellung herangegangen bin.

In der Woche nach dem Hitzelauf war Anja verreist. Um meinem Körper mal Ruhe zu gönnen, lief ich in dieser Zeit nur einmal. In der folgenden Woche hatte ich eine Sommergrippe. Während es draußen 30 Grad waren, lag ich drei Tage mit leichtem Fieber auf der Couch. Dann fuhren wir für eine Woche in den Urlaub an die Schlei, 20 Kilometer von Eckernförde und der Ostsee entfernt. Neben drei kürzeren Runden lief ich auch zweimal 20 Kilometer. Beim zweiten Mal war ich dabei auf der Strecke meines Deutschlandlaufes unterwegs, wie ich dachte. Leider musste ich danach feststellen, dass die Strecke wegen einer Brückensperrung aber auf die andere Uferseite der Schlei verlegt wurde.

Guter Dinge fuhr ich gestern am Sonntag nach unserer Rückkehr zu meinen Eltern, um dort den nächsten Marathon zu laufen. Bis zur Halbmarathonmarke ging es gut. Danach scheiterte ich wieder mal, vor allem an den Temperaturen von etwa 27 Grad, denke ich. Mein Getränkevorrat neigte sich zu früh dem Ende zu und ich musste nach 33 Kilometern passen. Es war sicherlich eine richtige

Entscheidung, bei dem Wetter nicht weiter zu laufen, aber wieder mal war ich unter meinem Soll geblieben.

Heute nun wollte ich gleich noch mal einen Marathon laufen. Nach der Verkürzung von gestern dachte ich, vielleicht sogar noch ein paar Kilometer rauf packen zu können. Ich fuhr in die Wuhlheide, suchte mir eine Sieben-Kilometer-Schleife, um regelmäßig am Auto vorbeizulaufen und um mich besser versorgen zu können als nur mit dem Trinkrucksack. Die Motivation war von vorneherein nicht da. Nach der zweiten Runde schüttete ich mir viel Wasser über den Kopf. Aber frischer wurde ich dadurch nicht. Nach der dritten Runde und einem Halbmarathon in 2:36 Stunden machte ich Schluss.

Nun bin ich verzweifelt, um das Wort ein letztes Mal zu nutzen. Wahrscheinlich war ein Marathon zehn Tage nach einer Sommergrippe noch zu viel. Außerdem komme ich mit hohen Temperaturen nun mal nicht zurecht. Daher gehe ich im Training dann immer die vernünftigen Wege, was wahrscheinlich okay ist. Aber ich gehe nie über meine Grenzen hinaus. Das könnte man dann „gut" nennen, wenn ich im Wettkampf über sie hinausgehe und dort erfolgreich bin. Das werden wir sehen.

Zwei andere Erkenntnisse, die ich heute noch hatte und die ich jemandem mitgeben würde, der für solch einen Lauf trainieren möchte, sind: Nimm dir Zeit, dich zu versorgen. Bei meinem Hitzelauf vor gut drei Wochen gab es zweimal die Möglichkeit an einer Tankstelle vorbeizulaufen. Aber ich nahm mir nicht die Zeit, diesen kleinen Umweg zu machen, um mich besser zu versorgen. Außerdem sollte man sich ab und zu vornehmen, nicht zu laufen, sondern vielleicht alle vier Woche eine Wanderung über 40 bis 50 Kilometer einbauen.

Dein S.

Berlin, den 20. Juli 2021

Lieber B.!

Ich glaube, mein Gejammer in den letzten Briefen war groß. Aber heute schreibe ich Dir von einem Erfolgserlebnis.

Ein weiterer Punkt auf meiner Sabbatical-Liste war, einmal mit dem Rennrad zum Fläming-Skate zu fahren, dort die große Runde über 100 Kilometer abzurollen und wieder nach Hause zu fahren. Da ich in den vergangenen vier Monaten viel weniger Rad gefahren bin als gedacht, habe ich das nicht geschafft. Jetzt ist die Zeit zu knapp, sodass ich mich aufs Laufen konzentrieren will und keine großen Touren mehr fahren kann. Aber ich kam auf die Idee, dass ich auf dem Fläming-Skate eine große Runde laufen könnte. Kein Verkehr und beste Ausschilderung, was will man mehr?

Ich entschied mich für den Rundkurs 5, der 50,6 Kilometer lang sein soll. Im Norden der Runde im kleinen Ort Holbeck parkte ich und startete gestern um 8:30 Uhr zu meinem Lauf. Da ich noch nie auf dem Fläming-Skate unterwegs war, war ich gespannt. Doch es war so einfach wie erhofft und erwünscht. Die komplette Runde stand mir ein zwei bis drei Meter breiter asphaltierter Weg zur Verfügung. Etwa zehn Kilometer, schätze ich, führten neben einer Straße entlang. Die übrigen 40 Kilometer verliefen aber quer durchs Land, über Felder und durch Wälder.

Leider fühlte ich mich auf den ersten Kilometern noch etwas unbehaglich. Wie schrieb ich Dir vor einem Monat? Mein Neubeginn scheint bis heute noch nicht abgeschlossen zu sein. Es ist zwar bei Weitem nicht zu vergleichen mit meinen wackligen Laufversuchen von vor eineinhalb Jahren, aber eben auch nicht einfach alles nur gut. Das Hirn will einem ständig einen Streich spielen. Lerne es zu ignorieren und lerne es zu überlisten, indem du einfach weiter machst bis es aufgibt, dir Probleme vorzugaukeln.

Ich hatte leichte Ohrenschmerzen auf der rechten Seite. Als ich nach fünf Kilometern zum Pinkeln am Straßenrand stehen blieb, fühlte ich den Puls bis hoch in meinen Kopf. Aber er lag bei 140, was für mich ein völlig normaler Wert ist. Doch was mache ich nun? Umkehren und zehn bis 15 Kilometer laufen und sagen, ich habe mich nicht gefühlt? Irgendwann später wird umkehren keinen Sinn mehr machen. Dann muss ich 50 Kilometer durchhalten. Außerdem gehen langsam die Wochenenden zur Neige, an denen ich noch lange Läufe machen kann.

Die Antwort fand ich zwischen den Orten Ließen und Petkus, etwa zwischen Kilometer 8 bis 10. Bis Ließen lief ich noch neben einer Straße, dann wurde es leicht hügelig und der Weg führte durch Felder. Ich war angekommen. Kurz danach überholte mich ein Radfahrer und fragte, wie weit ich laufen würde. Nach meiner Antwort wünschte er mir Kraft und Energie. Zudem begegneten mir nun immer öfter Radfahrer und dann auch Skater und man grüßte sich freundlich. Einsames Laufen ist nicht immer schön. Ab und zu eine Begegnung kann schon sehr aufmuntern.

Im nächsten Ort namens Wahlsdorf sah ich den Hinweis auf Appartements und hatte die Idee, in zwei Wochen statt an die Müritz wieder hierher zu fahren. Mal sehen. Über Schlenzer ging es dann nach Markendorf und ich erreichte Kilometer 25 in 2:56 Stunden. Das war exakt mein angestrebtes Tempo: sieben Minuten pro Kilometer, um am Ende unter sechs Stunden zu bleiben.

In den Orten übrigens gab es immer ein Schild mit der Übersichtskarte des Fläming-Skates. Da sah ich mir die nächsten zwei, drei Orte an, die anschließend immer ausgeschildert waren. Komoot oder Google Maps sind hier wirklich überflüssig.

Schließlich erreichte ich schon den nordwestlichsten Punkt meiner Runde und war fast überrascht, dass ich nur noch zwei Orte durchlaufen musste, bis ich wieder in Holbeck war. Mit 20 Grad und leichter Bewölkung hatte ich auch Glück mit dem Wetter. Bis Kilometer 38 reichte mein Liter aus dem Trinkrucksack, dann griff ich zur Radflasche, in der die Reserve von einem halben Liter war. Mit zwei Bananen, einem Powerriegel und fünf Powergels kam ich auch genau über die Runden.

Die Marathonmarke überlief ich dann nach 4:57 Stunden. Die letzten Kilometer zogen sich zwar und die letzten drei Kilometer von Jänickendorf bis Holbeck waren die hässlichsten, weil sie neben einer befahrenen Straße entlangführten. Doch wenn man dann das eigene Auto sieht und damit das Ziel, ist alles gut. Ich hatte neben dem Dorfgemeinschaftshaus geparkt, das ich dann noch mal umrunden musste, damit ich auf 50,1 Kilometer kam. Schließlich stoppte ich die Uhr nach 5:52 Stunden und sehe wieder etwas positiver in Richtung Deutschlandlauf.

Dein S.

Lieber B.!

Nach zehn Monaten stand ich gestern erstmals wieder an der Startlinie eines offiziellen Laufs. Aber nachdem beim Schiefergebirgslauf im letzten Jahr im September jeder für sich in einem Zeitkorridor loslief, erfolgte gestern ein gemeinsamer Start von knapp 100 Teilnehmern, die sich zum Berliner Vollmond-Marathon angemeldet hatten.

Nach der Absage des Schweriner Seentrails über 61 Kilometer und des Thüringen-Ultras über 100 Kilometer freute ich mich, dass aufgrund von Bauarbeiten die Strecke auf 45,7 Kilometer erweitert worden war und ich so doch zu einem offiziellen Ultralauf vor dem Deutschlandlauf kam. Laufe ich gerne und stets im Training allein, so sind für mich diese Ausflüge und offiziellen Veranstaltungen doch immer das Salz in der Suppe. Ich glaube, meine Vorbereitung hätte anders ausgesehen (und besser), hätte ich jedes Wochenende irgendwo an einem Marathon oder Ultralauf teilnehmen können. Denn auch mit der Versorgung und dem Drumherum läuft es sich so einfacher und leichter.

Start war gestern um 18 Uhr im Stadion des SC Siemensstadt. Nach wenigen Kilometern waren wir schon an einem Kanal, liefen zur Havel, am westlichen Ufer nach Nieder-Neuendorf und nach Hennigsdorf und hier auch teilweise auf dem Mauerweg. Unbekannt war mir dann der Weg auf der östlichen Seite durch Heiligensee und bis zum Tegeler See. Nachdem wir diesen umrundet hatten, liefen wir die letzten beiden Kilometer bis zum Ziel ins Stadion so wie zu Beginn.

Um 18 Uhr waren es immer noch 29 Grad. Da es insgesamt „nur" sechs Verpflegungspunkte gab, trug auch jeder Läufer einen Trinkrucksack mit sich. Auch insofern hatte die Veranstaltung etwas mehr von einem Ultra-Erlebnislauf als von einem Marathonlauf, in dem man irgendwelche Zeiten anstrebt. Aber ich hatte mir natürlich trotzdem etwas vorgenommen und wollte in fünf Stunden im Ziel sein.

In diesem Trott lief ich die ersten Kilometer in einer Vierergruppe. Dann setzte ich mich nach vorne ab, blieb aber bei Kilometer 12 zum Pinkeln kurz stehen und holte anschließend meine Mitstreiter wieder ein. Am Verpflegungspunkt bei Kilometer 15 lief ich schneller als die anderen wieder los, war nun allein unterwegs, gut drauf und holte ein paar weitere Läufer ein, die merklich mit der Hitze zu kämpfen hatten. Bei der Halbmarathonmarke zeigte die Uhr 2:20 Stunden und mit zweien, die ich gerade eingeholt hatte, kam ich zum dritten Verpflegungspunkt. So lief es auch die nächsten sechs Kilometer. Ich holte ein und überholte und fühlte mich gut und hatte den 50-Kilometer-Lauf von vor fünf Tagen wohl gut weggesteckt.

Aber bei Kilometer 30 und nach 3:20 Stunden merkte ich, dass meine Kraft nicht bis ins Ziel reichen würde. Ich schleppte mich noch fünf Kilometer weiter und dann war es auch so dunkel, dass nur noch unsere Stirnlampen den Weg am Tegeler See entlang erleuchteten. Wir schlugen uns durch die Finsternis und es tröstete mich, dass es allen anderen nicht besser ging. Mehr gehend als laufend erreichte ich den letzten Verpflegungspunkt bei Kilometer 40. Ab hier war ich plötzlich allein unterwegs. Ein paar

Mal war ich mir unsicher, ob ich noch dem richtigen Weg folgte. Mehr oder weniger zufällig entdeckte ich das kleine Schild, das dann im Boden steckte und Kilometer 42,195 anzeigte. Meine Zeit: 5:08 Stunden.

Schließlich kam ich auf die letzten beiden Kilometer und hatte bei der Überquerung einer kleinen Brücke tatsächlich noch einen wunderschönen Blick auf den Vollmond. Dann zog es sich durch eine Kleingartenkolonie und ich stolperte durch Löcher in dem unebenen Weg, obwohl ich schon das hell erleuchtete Stadion vor mir sah. Die letzten 200 Meter ging es über die Bahn. Zwei Männer stoppten die Zeit, eine Frau reichte mir eine Medaille. Mit 5:38 Stunden war ich gerade unter dem Zeitlimit von sechs Stunden geblieben und im ersten Moment doch ernüchtert, wie sehr meine Leistungen nachlassen. Aber mein Eindruck unterwegs hatte nicht getäuscht. Am Ende wurde ich 45 von 74; zwar deutlich die zweite Hälfte, aber immerhin waren noch 29 LäuferInnen hinter mir. Außerdem war das Zeitlimit auf sieben Stunden erweitert worden, sodass ich doch locker im Limit geblieben war.

Dein S.

Berlin, den 2. August 2021

Lieber B.!

Nun habe ich das Training abgeschlossen. Aber fühle ich mich bereit? Nein.

Ich habe dieses Unterfangen ja oft mit dem Triple-Ultra-Triathlon verglichen. In meiner Erinnerung fühlte ich mich damals wenigstens bereit für die Herausforderung. Ich wusste nicht, ob ich es schaffen würde, aber hätte die Wahrscheinlichkeit mit 80 bis 90 Prozent angegeben. Die

Wahrscheinlichkeit, dass ich den Deutschlandlauf ins Ziel bringe, sehe ich eher bei 60 Prozent. Der große Unterschied: Beim Triple-Ultra-Triathlon fiel der Startschuss und auch wenn die Streckenlänge unvorstellbar schien, so würde ich in spätestens 58 Stunden, wenn das Zeitlimit abgelaufen war, wissen, wo ich war. Bei jedem einzelnen Ultralauf hatte ich aber bisher mehr oder weniger Schmerzen, musste mich quälen, kam ins Ziel und konnte mich anschließend tage- oder wochenlang ausruhen. Jetzt muss ich mich nach dem ersten Ultralauf am ersten Tag über 63 Kilometer 20 weitere Tage weiter motivieren und vielmals wohl quälen.

Im Winter hatte ich noch die Hoffnung, in diesem Jahr auch wieder bei einem Ironman zu starten. Das abwechslungsreichere Training hätte mir gutgetan, und nach einem Start zum Beispiel in Moritzburg im Juni hätte ich ausreichend Zeit für lange Laufstrecken gehabt. Wegen der Corona-Pandemie fielen aber sämtliche Veranstaltungen, die mich gereizt hätten, aus. So meldete ich mich wenigstens für die Halbdistanz in Waren an der Müritz an. Doch da ich Rad- und Schwimmtraining sehr vernachlässigt habe und ich dort inmitten der Sommerferien auch kein Quartier mehr fand, sagte ich letzte Woche ab. Stattdessen suchte ich mir am Fläming-Skate eine Unterkunft und lief dort an den letzten drei Tagen den Rundkurs 4 über 42 Kilometer, den Rundkurs 6 über 48 Kilometer und den Rundkurs 7 über 39 Kilometer. Allerdings erweiterte ich die Runden jeweils auch noch um ein paar Kilometer.

Am Freitag startete ich in Kloster Zinna um kurz vor zehn Uhr zur ersten Etappe. Mit sieben Minuten pro Kilometer lief ich die ersten Kilometer rund um Jüterbog und fühlte mich ganz wohl. Leider übersah ich nach 13 Kilometern einen Abzweig und machte einen Umweg von etwa einem Kilometer. Aber da die Strecke laut meinen Daten 41,8 Kilometer lang sein sollte, hatte ich somit schon mal die fehlenden Meter bis zum Marathon eingetütet. Die Halbmarathonmarke durchlief ich dann nach 2:28 Stunden und bog nach dem Örtchen Oehna auf die Strecke ein, die ich auch am nächsten Tag laufen würde. Bis Kilometer 30 und dem nächsten Ort namens Bochow ging es mir noch gut. Dann machten mir die Sonne und 26 Grad wieder mal zu schaffen. Ich wurde deutlich langsamer. Es motivierte mich auch nicht, dass ich bei Kilometer 36 auf den Rundkurs 5 stieß und somit auf meine Strecke von vor gut zehn Tagen. Trost spendeten nur die Schilder Richtung Werder, denn von dort hatte ich nur noch circa zwei Kilometer bis zum Kloster Zinna und meinem Auto. Ich ging jetzt jeden Kilometer 200 Meter lang, den Rest lief ich. Es zog sich, aber angesichts der nächsten beiden Tage musste ich mit meinen Kräften haushalten. Nach 5:10 Stunden zeigte die Uhr dann 42,2 Kilometer an und nach einer weiteren Viertelstunde und 44 Kilometern war ich zurück am Auto. Ich hatte es mir einfacher vorgestellt.

Bis zur Unterkunft fuhr ich noch einmal eine halbe Stunde und bis ich mich dort angemeldet und alles erledigt hatte, war die Olympiaübertragung längst vorbei. Mit Kaffee und Kuchen hatte ich es mir so eigentlich vor dem Fernseher noch eine Stunde gut gehen lassen wollen. Nun saß ich auf einem unbequemen Stuhl, denn ein Sofa gab es nicht, betrachtete das alte Bett und wusste, dass ich hier und heute immer noch einen Luxus habe, den ich beim Deutschlandlauf bestimmt nicht haben werde. Als ich merkte, dass ich auch noch die Nudelsoße vergessen hatte und es nur Nudeln mit Käse geben würde, versuchte ich die schlechte Laune beiseitezuschieben, denn ich war ja schließlich zum Laufen hier.

Weil ich am Samstag um sieben Uhr loslaufen wollte, klingelte der Wecker um sechs Uhr. Ich hatte zwar alles vorbereitet, doch bis ich den Rucksack mit der Trinkblase von einem Liter, zwei Radflaschen mit jeweils 0,7 Litern und sämtliche Bananen, Gels und Riegel verstaut hatte, wurde es 7:15 Uhr. Auch eine wichtige Erkenntnis für den Deutschlandlauf: Die Vorbereitung am Morgen braucht Zeit.

Der Rundkurs 6, den ich laufen wollte, sollte 48 Kilometer lang sein. Allerdings hatte ich sieben Kilometer zu laufen, bis ich überhaupt dort war. So käme ich also auf 62 Kilometer und würde meine längste Tour in direkter Vorbereitung laufen. Doch schon nach einem Kilometer lief ich quer über ein Feld und von einem Weg war nichts mehr zu sehen. Im Harz hatte ich bereits die Erfahrung gemacht, dann auf meinem Lauf von Erkner nach Frankfurt und nun ein drittes Mal: Wenn du deine Touren auf komoot planst, dann plane sie lieber als Radfahrer. Als ich dann noch einen Graben überwinden musste und für den zweiten und dritten Kilometer jeweils mehr als zehn Minuten brauchte, war meine Laune erst mal auf dem Tiefpunkt. Zum Glück fand ich danach einen Feldweg, der mich schließlich in Hohenseefeld zum Rundkurs brachte.

Dort war ich beständig mit acht Minuten pro Kilometer unterwegs. Dass es so mühsam werden würde... Außerdem überlegte ich, ob ich Anja, die heute nachkommen wollte, fragen sollte, dass sie mich irgendwo abholt. Ich hatte sie erst gebeten, nach Wahlsdorf und zu Kilometer 45 zu kommen. Doch da sie ohnehin nicht wusste, ob sie das schaffen würde, könnte ich auch den Rundkurs zu Ende laufen und sie bitten, mich in Hohenseefeld abzuholen. Dann wäre ich zwar nur etwa 55 Kilometer gelaufen, aber das war auch okay. Ich rief sie an und sie war einverstanden. So konnte ich nun nach 18 Kilometern und mehr als zweieinhalb Stunden Laufzeit endlich ein bisschen Frieden finden. Bis dahin waren meine Gedanken nur negativ belegt: Zu kaputt, schon zu warm, reicht meine Verpflegung, warum ist so starker Gegenwind?

Ich erreichte die Halbmarathonmarke nach fast genau drei Stunden und blieb anschließend konstant in diesem Tempo. Es war zwar immer noch ernüchternd, aber auch eine Orientierung im Hinblick auf den Deutschlandlauf. Auf viele, viele Kilometer, für die ich acht Minuten brauchen werde, wird es wohl hinauslaufen. Bei Kilometer 27 stieß ich dann auf meine Strecke vom Vortag. Da ich nun Richtung Norden lief, wurde es mit dem Wind angenehmer. Ich kam nach Fröhden und damit in den Ort, durch den bisher alle meine Strecken geführt hatten. Außerdem wusste ich, dass es hier ein Lokal gab, wo ich meine Trinkvorräte auffüllen konnte. So kaufte ich eine Cola und war wieder mit ausreichend Wasser versorgt, als ich mich auf die letzten 20 Kilometer machte.

Ab hier lief ich auf meiner ersten Tour, nun allerdings in entgegen gesetzter Richtung. Ich kam nach Schlenzer, lief der Marathonmarke entgegen und sehnte mich nach dem Gel, dass ich mir dann nach 42,2 Kilometern und 6:03 Stunden gönnte. Gleichzeitig traute ich meinen Augen nicht. Man sieht hier viele Radfahrer und selbstverständlich viele Skater. Aber Spaziergänger mit Hund waren mir noch nicht entgegengekommen. Es konnte nur Anja mit Sam sein … und so war es auch. Sie hatten die Zeit und dank des Livetracks auch mich gefunden. Eine wunderschöne Abwechslung und Motivation für die letzten 14 Kilometer.

Anschließend kam ich nach Wahlsdorf und nachdem der Weg eine Weile an einer Straße entlanggeführt hatte, wo der Wind mir auch wieder mehr entgegen blies, steuerte ich langsam auf Kilometer 50 zu. Nach etwa 7:15 Stunden erreichte ich ihn. Schließlich sah ich auch das erste Schild, das nach Hohenseefeld zeigte und hatte fast ein paar Tränen in den Augen. Noch vier Kilometer… Diese Kilometer gefielen mir ausgesprochen gut, vor allem, weil ich bald die ersten Häuser von Hohenseefeld sah. Und schließlich sah ich auch wieder Anja und Sam und fiel Anja nach 55 Kilometern in die Arme. Bis zum Auto gingen wir dann gemeinsam einen Kilometer in zehn Minuten. Dort stoppte ich die Uhr nach 56,2 Kilometern in 8:08 Stunden.

Wir kauften uns ein Eis und abends gingen wir Nudeln essen. Nach einem Bier lagen wir um zehn Uhr im Bett, schliefen uns aber einigermaßen aus. Anja brachte mich dann nach Niendorf und zum Rundkurs 7; 39 Kilometer lang, aber wenn ich am Ende die drei Kilometer bis zur Ferienwohnung zurücklief, müsste es noch mal ein Marathon sein. Wir verabschiedeten uns und ich lief um 10:30 Uhr los. Heute würden wir uns wirklich in Wahlsdorf treffen, wo ich hoffte, nach 23 Kilometern und in 3:15 Stunden zu sein.

Die ersten Kilometer lief es überraschend gut. Doch schon in Dahme/Mark, der einzige größere Ort, den ich auf sämtlichen Strecken ganz durchlaufen musste, kehrte die Schlappheit zurück. Aber danach gefiel mir der Weg ausgesprochen gut und mir kam entgegen, dass es bewölkt war und nicht so warm wurde. Ich erreichte Prendsdorf nach zehn Kilometern und sah, dass es nun bis zum nächsten Ort namens Buckow acht Kilometer waren. Ein langer, beschwerlicher Weg, der aber wunderschön gelegen durch einen Kiefernwald führte. Ich sah nur wenige Radfahrer, spürte die Einsamkeit des Langstreckenlaufens und denke, dass es so auch beim Deutschlandlauf sein könnte. Man ist mitten im Nirgendwo, alle Menschen scheinen fort zu sein, das Vorankommen ist mühevoll, aber doch will man nichts anderes machen als das, was man gerade macht.

Motivation fand ich wieder darin, dass ich nach Buckow nur noch fünf Kilometer vor mir hatte, bis ich Anja wieder sah. So ging es von Buckow nach Liepsdorf zwischen Pferdekoppeln hindurch und ich erreichte die Halbmarathonmarke nach 2:55 Stunden. Immerhin etwas schneller als gestern. Dann war ich in Wahlsdorf, durchlief das Dorf und traf Anja vor dem Schwimmbad zur verabredeten Zeit. Ich füllte die Trinkvorräte auf und wir verabschiedeten uns bis zum Abend, wenn wir wieder zusammen zu Hause auf der Couch liegen würden.

Die nächsten zehn Kilometer kannte ich nun vom gestrigen Lauf. Zuerst entlang der Straße, dann ein Abzweig, nach welchem gestern mir der Wind entgegen geblasen hatte, es heute aber angenehmer war. Dann folgte das erste Richtungsschild nach Hohenseefeld. Ich erkannte wieder die ersten Häuser, kam an die Stelle, an der ich gestern

Anja getroffen hatte, und schließlich nach 33 Kilometern nach Hohenseefeld hinein.

Nach etwa viereinhalb Stunden Laufzeit bog ich nach Ihlow ab und lief die letzten sechs Kilometer des Rundkurses nun noch einmal auf einem mir unbekannten Weg. Als ich in Ihlow war, kam die Sonne leider immer mehr zwischen den Wolken hindurch. Ich musste auf den letzten Kilometern etwas mehr kämpfen, aber ich wollte heute nicht wieder noch langsamer werden. Ich trank meinen Rucksack leer und musste in Niendorf nach 39 Kilometern und am Ende der Runde die Radflasche in den Rucksack umfüllen, um die letzten drei Kilometer versorgt zu sein.

Die Straße hoch in Richtung unserer Unterkunft in Rietdorf war nicht schön zu laufen. Doch ich sah, dass ich zum ersten Mal nicht langsamer geworden war und wollte es auch schließlich einfach hinter mir haben. Vor unserer Ferienwohnung zeigte meine Uhr dann auch tatsächlich genau 42,2 Kilometer an und ich stoppte nach 5:48 Stunden.

Wie im April schon, als ich nach einem Marathon jeweils knapp über 30 Kilometer an den nächsten beiden Tagen gelaufen war, habe ich festgestellt, dass ich am dritten Tag erst etwas fitter bin, doch dann die Schlappheit zurückkehrt, mit der ich mich aber arrangieren kann. Meine Hoffnung für den Deutschlandlauf wäre demnach, dass nach dem dritten Tag eine gewisse Routine einkehrt und ich mich nicht ständig frage, wie viel Elend ich ertrage. So gehe ich also hinein: Am ersten Tag motiviert, nicht nur weil es der erste Tag ist, sondern auch, weil wir durch Glücksburg und Siegum laufen, wo Anja und ich bei meinem letzten Start in Glücksburg 2015 gewohnt haben.

Dann komme ich in Kappeln ins Ziel, wo ich jetzt während unseres Urlaubs Anfang Juli schon entlanggelaufen bin. Am zweiten Tag kenne ich die ersten Kilometer und freue mich auf die Strandpromenade in Eckernförde, wo wir mit Sam am Hundestrand waren. Wenn ich den dritten Tag überstanden habe, kommt anschließend die kürzeste Etappe mit 48 Kilometern. Danach ist hoffentlich endgültig Routine drin, und ich kann mich auf meine Eltern freuen, die ich auf der achten und neunten Etappe sehen werde. Dann ist es schon nicht mehr weit, bis Anja mich ab der 14. Etappe mit dem Wohnmobil begleitet.

Nebenbei hoffe ich natürlich, dass ich jeden Abend ein paar Zeilen an Dich schreibe.

Dein S.

Berlin, den 18. August 2021

Lieber B.!

In zwei Tagen geht es los. Am Freitag fahre ich mit Anja nach Flensburg. Ich habe ein Doppelzimmer in einem Hotel gebucht. Abends werden wir sicherlich essen gehen. Samstags werden wir ausschlafen, frühstücken und wahrscheinlich etwas durch die Stadt schlendern. Um halb sechs Uhr ist dann das Treffen mit den anderen Teilnehmern und den Organisatoren. Die Nacht werde ich aber noch mal im Hotel verbringen, das sich unweit der Halle befindet, wo wir uns treffen und dann am Sonntagmorgen um sieben Uhr starten.

In den letzten Tagen bin ich ein wenig zuversichtlicher geworden. Die Wahrscheinlichkeit, dass ich in Lorrach nach 21 Lauftagen und circa 1.300 Kilometern ins Ziel komme, würde ich jetzt etwas höher einschätzen. Grund dafür ist, dass ich vorgestern bei einem letzten einstündigen Lauf einfach mal schmerzfrei gestartet bin. Ansonsten bin ich spätestens seit Mai immer losgelaufen und es schmerzte der Oberschenkel, die Hüfte oder etwas anderes. Das soll kein Gejammer sein, denn ich konnte ja laufen. Aber es war weniger sorgenfrei als die Jahre davor und ich bin gespannt, ob es so jetzt weiter geht oder ob ich nach dem Deutschlandlauf, wenn ich mich erholt habe, wieder das freie und etwas schnellere Laufen erleben werde.

Positiv gestimmt hat mich auch, dass ich letzte Woche einmal nach Schöneberg gefahren bin und dort im Volkspark laufen war. Das war etwas, was ich mir für mein Sabbatical unbedingt vorgenommen hatte. Dann verschob ich es oft, aber jetzt habe ich es geschafft. Und im Grunde hat sich dort nichts verändert. Es sind nun schon 35 Jahre vergangen, seit wir dort weggezogen sind. Aber ich habe jeden Weg wieder gefunden. In Erinnerung sind mir vor allem zwei, drei Sommer geblieben, in denen ich in den Ferien mit meinem besten Freund gefühlt jeden Tag ins Freibad fuhr. So unbeschwert. Wäre das Erwachsensein weniger anstrengend, habe ich mich gefragt, hätte man keine so schöne Kindheit gehabt? Damit meine ich nicht, dass eine Kindheit nicht schön gewesen sein darf, sondern eben einfach nicht ganz so schön wie ich meine empfinde.

In diesem Sinne, es gibt vieles, worüber ich nachdenken kann und ich werde sicherlich viel Zeit zum Nachdenken haben. Fürs Erste freue ich mich, wenn es endlich losgeht, denn jetzt bin ich bereit und freue mich, wenn ich die nächsten Zeilen an Dich schreibe, denn dann sollte ich nach der ersten Etappe in Kappeln in einer Turnhalle sitzen.

Dein S.

Deutschlandlauf

1. Etappe (Sonntag, 22. August 2021)
63,3 km von Flensburg nach Kappeln in 8:27 Stunden
(Marathonzeit 5:30 Stunden)

Lieber B.!

Wie erhofft sitze ich gerade in Kappeln in der Turnhalle und kann Dir von der ersten Etappe meines Deutschlandlaufes berichten.

Die vergangene Nacht im Hotel habe ich noch mal gut geschlafen. Um halb sechs standen Anja und ich auf und fuhren zum Start. Es gab ein einfaches Frühstück. Brot, Margarine, Käse, Marmelade und Kaffee. Anja wollte nichts essen und trank nur einen kleinen Schluck Kaffee. Es war ihr zu früh und es waren ihr zu viele Menschen um diese Uhrzeit, die zu viel erzählten. Etwa zwei Stunden später bei Kilometer 8 wusste ich, was sie gemeint hatte.

Dann verabschiedeten wir uns für die nächsten zwei Wochen. Ich dachte daran, dass wir noch nie so lange getrennt waren. Warum auch? Man ist zusammen und will ja mit dem anderen zusammen sein. Schließlich wurden Fotos geschossen, und Thomas, der Organisator, sprach noch ein paar Worte. Um 7:04 Uhr ging es los. 20 Läuferinnen und Läufer starteten zum Deutschlandlauf. Fünf weitere wollen nur auf den ersten Etappen dabei sein.

Es war weniger spektakulär als ich gedacht hatte. In den letzten zwei Tagen hatte ich öfter feuchte Augen, wenn ich an den Lauf und daran, dass es losging, dachte. Heute ging es einfach und endlich los. Auf den ersten zwei

Kilometern durch Flensburg blieb Anja noch zweimal mit dem Auto auf ihrem Rückweg zum Hotel stehen. Dann gab es wirklich den letzten Kuss.

Vorneweg waren vier bis fünf Läufer. Ich befand mich dahinter in einer Gruppe von neun Leuten, was bei der Teilnehmerzahl also schon mehr als ein Drittel ausmachte. Allerdings wurde mir jetzt auch zu viel gequatscht beziehungsweise hätte ich gerne ein bisschen mehr Ruhe zum Start gehabt. Aber ich wusste, dass ich bald sehr viel Ruhe haben würde.

Bis Kilometer 8 war die Strecke auch nicht besonders schön. Das kurze Stück am Flensburger Hafen hatten wir schnell hinter uns gelassen. Dann waren wir raus aus der Stadt und liefen auf einem Radweg neben einer nicht so stark befahrenen Straße. Ich ließ die anderen ziehen und war somit allein, als ich bei Kilometer 12 in Glücksburg den ersten Verpflegungspunkt erreichte. Kurz nach mir kam Cornelia. Ihr Mann versorgte uns hier und wird sich jeden Tag um den ersten Verpflegungspunkt kümmern. Wir stellten fest, dass die beiden ebenfalls in Altglienicke und nicht allzu weit weg von mir wohnen.

Ich hatte mit Absicht das T-Shirt von meinem letzten Ostseeman-Triathlon hier in Glücksburg angezogen und erkannte dann beim Weiterlaufen auch einige Straßen wieder. Schließlich verließen wir die Stadt und liefen auf einer wunderschönen und schattigen Straße, links von uns immer die Ostsee gelegen.

Auf diesem Weg überholte mich ein Autofahrer und blieb kurz danach an seinem Haus stehen. Während er mit seiner Brötchentüte in der Hand aus dem Auto ausstieg, fragte er mich, was wir machen. Ich erzählte es kurz. Er wünschte viel Spaß und schüttelte den Kopf.

Bei Siegum, wo wir 2015 Urlaub gemacht haben, erreichte ich den zweiten Verpflegungspunkt. Für diesen sind Joachim und seine Frau Brigitte verantwortlich. Gestern Abend beim Abholen der Startnummer und einem gemeinsamen Nudelessen saßen wir mit ihnen zusammen am Tisch. Joachim, selbst viele Jahre Läufer, aber auch schon seit über einem Jahrzehnt bei Deutschland- und Europaläufen als Helfer dabei, hatte viele Geschichten zu erzählen.

Mir ging es gut, aber ich wünschte mir etwas frischere Beine. War ich mit Anja gestern zu viel durch Flensburg spaziert, fragte ich mich. Während des Laufens machte ich ab und zu ein Foto. Hier mit unserem Ferienhaus von 2015 im Hintergrund, ansonsten mit der Ostsee im Hintergrund. Aber der Wind wurde stärker und blies uns entgegen. Es wurde langsam anstrengend. Als ich den dritten Verpflegungspunkt erreichte, kam kurz nach mir wieder Cornelia an und dann auch Andreas R. aus Österreich.

Ich war in meinem Trott, der gleichbedeutend sein soll mit einem Marathon in sechs Stunden. Da heute 63 Kilometer anstanden, war also mein Plan, nach neun Stunden im Ziel zu sein. Aber am ersten Tag geht es natürlich noch etwas besser. Ich erreichte den vierten Verpflegungspunkt nach 42 Kilometern und danach die Marathonmarke nach 5:30 Stunden.

Danach zog Andreas R. langsam weg. Er wurde ein immer kleinerer Punkt auf dem Radweg, den wir neben der Bundesstraße 199 liefen. Ich konnte zwar ohnehin nicht deutlich schneller laufen, wusste aber auch, dass es gut war, mir Zeit zu nehmen. So machte ich nach 46 Kilometern die erste bewusste Gehpause und nahm ein Gel zu mir. Zum Glück bogen wir bei Kilometer 50 wieder von der Bundesstraße ab und meine Befürchtung, dass es an dieser Straße direkt bis nach Kappeln geht, bewahrheitete sich nicht.

Nach 52 Kilometern erreichte ich den letzten Verpflegungspunkt und stellte gerade eben nach dem Duschen fest, dass ich eine knappe halbe Stunde an diesen Punkten verbracht habe. Aber zum einen vergehen fünf Minuten schnell und zum anderen stehen unsere Helfer stundenlang irgendwo in der Walachei und haben es verdient, dass man ein paar Worte mit ihnen wechselt.

Bis Kilometer 60 machte ich drei weitere kleine Gehpausen, wenn ich etwas aß oder trank. Dann kam ich nach Kappeln und zwar tatsächlich über die Fußgängerzone, wo ich mit Anja während unseres Urlaubs Anfang Juli saß und wir Kaffee und Kuchen genossen hatten. Ich machte ein Foto. Anschließend ging es rechts die Straße hoch und weiter durch einen Park in Richtung Schule. Andreas F., heute Dritter, saß dort auf einer Bank und sagte, dass ich nur noch einmal rechts hoch müsste. So war es auch. Ich lief noch um ein paar Ecken des Schulgebäudes und war schließlich nach 8:27 Stunden da. Morgen sind es acht Kilometer weniger, aber ich rechne mit der gleichen Zeit.

Dein S.

2. Etappe (Montag, 23. August 2021)
55,5 Kilometer von Kappeln nach Kiel-Holtenau in 8:12
Stunden (Marathonzeit 6:05 Stunden)

Lieber B.!

Ich hatte befürchtet, dass Tag 2 und 3 hart werden. Aber so hart hätte es nicht schon heute sein müssen.

Sehr viele negative Gedanken sind heute mitgelaufen, die ich in den nächsten Tagen wahrscheinlich weiter und auf jeden Fall besser verdrängen muss. Zum Beispiel dachte ich viel daran, wie oft ich mich in meinem Leben bei meinen sportlichen Herausforderungen schon gequält habe. Außerdem mache ich das jetzt seit 32 Jahren. Vielleicht habe ich mich inzwischen oft genug gequält.

Ernüchtert hat mich auch, dass ich heute drei Plätze schlechter war als gestern. Warum habe ich gegenüber den anderen so viel Zeit verloren? Ich kam fünf Minuten vor Rainer und Uli ins Ziel, die gestern noch eine Stunde hinter mir waren.

Aber ich komme auch mal zu etwas Positivem. Die ersten 13 Kilometer waren wunderschön und führten uns größtenteils an der Schlei entlang. Du erinnerst Dich, dass Anja und ich hier unseren Urlaub Anfang Juli verbracht haben? Damals lief ich auf der anderen Seite im strömenden Regen auf einem neben der Straße gelegenen Radweg die Strecke ab, um danach festzustellen, dass sie wegen einer Brückensperrung auf die andere Seite verlegt werden musste. Aber diese andere Seite war – wie gesagt – viel schöner. Ein Feldweg, Sonnenblumenfelder und Sonnenschein.

Wie gestern liefen Cornelia, Andreas R. und ich wieder etwa im gleichen Tempo. Außerdem immer in unserer Nähe war noch Joachim, der gestern 20 Minuten nach mir ins Ziel kam. Andreas R. entschwand dann bald meinem Blick, aber mit Cornelia und Joachim zusammen erreichte ich den zweiten Verpflegungspunkt auf dem Weg nach Eckernförde. Hinter dem Verpflegungspunkt verlor ich dann den Anschluss an die beiden, aber es war mir auch nicht wichtig. Ich erkannte die Straße wieder, die ich mit Anja entlanggefahren war und das Örtchen Rieseby. Komisch, dieser Urlaub liegt noch nicht lange zurück und damals erschien mir dieser Lauf noch so fern. Und jetzt laufe ich hier und der Urlaub erscheint mir so fern.

Nach knapp 30 Kilometern erreichte ich schließlich Eckernförde. Cornelia war plötzlich wieder hinter mir. Ich vermute, dass sie sich verlaufen oder eine Toilette aufgesucht hatte. Aber ich fragte sie nicht, da sie auch ein Stück hinter mir blieb und ich die Meter an der Promenade und am Hundestrand vorbei genießen wollte. Auf der Höhe des Hundestrandes machte ich Fotos und schickte gleich eines an Anja. Noch gestern früh haben wir uns ja gesehen. Aber genau wie der Urlaub scheint das auch schon lange her zu sein. Ich vermisste sie und unser Zuhause und wäre gerne mir ihr und Sam dort gewesen. Ich schwor mir, dass ich die Zeit zu Hause und auf der Couch in Zukunft wieder viel mehr genießen will.

Kaum hatte ich Eckernförde und diese Gedanken hinter mir gelassen, begann auch das Elend. Die Sonne schien zu stark, es war zu warm und bis zum nächsten Verpflegungspunkt bei Kilometer 35 ging es nur an einer Bundesstraße entlang. Bei Annette, die sich jeden Tag um diesen

Posten kümmert, füllte ich meinen Trinkrucksack auf, den ich schon leer getrunken hatte. Ich merkte mir, nicht noch einmal so unvorsichtig zu sein und ihn gerade bei Sonnenschein immer bis oben hin aufzufüllen.

Cornelia zog dann an mir vorbei und weg und ich schleppte mich in wechselnden Lauf- und Gehphasen der Marathonmarke entgegen, die ich schließlich nach 6:05 Stunden erreichte. So ging es auch weiter bis zum vierten Verpflegungspunkt, wo Hans-Joachim auf mich wartete. Auch er schimpfte über die Sonne und dass er an seinem Platz keinen Schatten fand. Aber er bestand darauf, sich jeden Tag um den letzten Verpflegungspunkt zu kümmern, da er uns Läufern für die letzten Kilometer immer gerne motivieren will, wie er sagt.

Danach begrub ich die Hoffnungen, die Etappe unter acht Stunden zu beenden. Auf einer langen Geraden sah ich auch Rainer und Uli, die gar nicht mehr so weit hinter mir waren. Außer den beiden waren dann nur noch die drei Frühstarterinnen hinter mir, die ich bei Kilometer 15 überholt hatte.

Bei Kilometer 50 bog ich schließlich an den Nord-Ostsee-Kanal ab. Es war superschön, dort entlangzulaufen, aber auch supersonnig. Ich schleppte mich die letzten fünf Kilometer in 45 Minuten vorwärts, bis endlich der Abzweig in Richtung Ziel kam. Der Vorsitzende des TuS Kiel-Holtenau begrüßte uns sogar mit einer Medaille. Und recht hatte er. 55 Kilometer sind schon ein eigener Ultralauf, auf den so mancher Marathonläufer stolz wäre.

Leider ist unsere Unterkunft dann aber auch nur das Vereinsheim und keine Turnhalle. Es ist eng und ich bin skeptisch, wenn ich an die kommende Nacht denke. Morgen stehen dann 63 Kilometer auf dem Plan. Ich hoffe, dass ich wenigstens unter zehn Stunden bleibe. Meine Aussicht: Übermorgen ist die Etappe nur 48 Kilometer lang und es soll regnerisch werden.

Dein S.

3. Etappe (Dienstag, 24. August 2021)
64,1 Kilometer von Kiel-Holtenau nach Bad Segeberg in
10:42 Stunden (Marathonzeit 6:34 Stunden)

Lieber B.!

Die ersten Kilometer durch Kiel waren noch okay. Wir überquerten den Nord-Ostsee-Kanal mittels einer imposanten Brücke und liefen dann am Kai entlang. Wir hatten uns so einsortiert, wie wir gestern ins Ziel kamen. Joachim kurz vor mir, Rainer und Uli hinter mir. Allerdings waren Cornelia und eine Frühstarterin heute nicht losgelaufen. Cornelia sagte, sie sei im Vorfeld zu lange krank gewesen und hatte schon vorher gewusst, dass sie den Lauf nicht komplett mitmachen würde. In den nächsten Tagen will sie aber immer mal wieder eine Etappe mitlaufen.

Joachim hatte ich bis Kilometer 6 im Blick und sah dann auf einer Laterne einen Pfeil, der uns unseren Weg nach rechts wies. Joachim aber war geradeaus weitergelaufen und reagierte auf mein Rufen nicht mehr. Der Abstand war zu groß und der Lärm von der Straße her zu heftig. Ein Horror für mich, mich zu verlaufen. Fortan war ich noch aufmerksamer und machte mir aber auch Gedanken um Joachim. Je weiter man sich verläuft, desto mehr sinkt ja die Motivation. Ich konnte dann aber erst beim ersten Verpflegungspunkt Karl und Cornelia, die jetzt hier ihren Mann und uns unterstützte, Bescheid sagen, dass Joachim falsch abgebogen war.

Nach dem Verpflegungsposten hatten wir Kiel endgültig hinter uns gelassen und es war angenehm zu laufen. Etwa bei Kilometer 15 überholte ich unsere jetzt noch zwei verbliebenen Frühstarterinnen. Wir unterhielten uns kurz und schon hatten auch wir uns verlaufen. Allerdings hatten wir uns bereits beim Abzweig auf den Feldweg gefragt, ob wir richtig waren. Da ich nach knapp einem Kilometer auf einen Zaun stieß, wusste ich, dass wir falsch waren. Ich drehte und nahm Rosemarie und Edda mit auf den Rückweg, wo wir dann auch den Pfeil fanden, den wir vorher übersehen hatten.

Natürlich war das etwas ärgerlich. Andererseits wusste ich nun, dass ich jetzt mit Sicherheit etwas weiter als am ersten Tag laufen würde und ich am Ende stolz auf meine längste Strecke des Jahres sein könnte. Durch das Verlaufen hatten aber Rainer und Uli ihren Abstand verringert. Ich hörte sie bald hinter mir, als ich während einer Gehpause eine Banane aß. Mit den beiden zusammen erreichte ich dann den zweiten Verpflegungspunkt nach 21 Kilometern. Sie aber machten sich schneller wieder auf den weiteren Weg. Abgesehen von den zwei Frühstarterinnen und Joachim, von dem ich jedoch nicht wusste, wo genau er war, war ich nun also Letzter. Ich war deprimiert, denn bis hierhin war mein Tempo eigentlich noch okay, zumindest nicht langsamer als gestern. Dann gönne es doch den beiden, dachte ich. Dann sind Rainer und Uli heute besser drauf. Also sah ich mich um, sah die Landschaft, die Weiden, Kühe, Pferde, norddeutsche Bauernhöfe und dachte, dass ich genau das wollte: Deutschland sehen und laufend erleben von Nord nach Süd.

Am dritten Verpflegungspunkt nach gut 30 Kilometern liefen Rainer und Uli gerade los, als ich kam. Ich stärkte mich mit Kartoffeln, die es zum ersten Mal gab und war guter Dinge für die zweite Hälfte. Außerdem erfuhr ich von Annette, dass Joachim inzwischen wieder auf dem richtigen Weg war und irgendwo hinter mir noch unterwegs.

Ich wurde zwar langsamer, doch blieb bis zur Marathonmarke unter dem Schnitt, den ich mir vorgenommen hatte. Ich dachte, dass diese Etappe kein besonders großer Schritt, aber ein sehr wichtiger Schritt in Richtung Gesamtlauf sein könnte. Die nächsten beiden Etappen sind mit 48 und 52 Kilometern wieder deutlich kürzer. Dann wartet dort Henrik im Ziel und will mich für zwei Tage begleiten. Kurzfristig hat er sich entschieden und bei mir gemeldet. In fünf Tagen schon kommen meine Eltern zum Zieleinlauf und in zehn Tagen schließlich ist Anja da. Außerdem – und es tut mir wirklich leid – sind bereits zwei Läuferinnen ausgeschieden. Glaubt man den Erfahrenen, so werden bei 20 Startern etwa sechs nicht ins Ziel kommen. Insofern müssen also sechs vor mir ausscheiden und meine Chancen steigen, dass ich es schaffe. Außerdem sagen die Erfahrenen, man müsse sechs bis acht Etappen durchhalten, dann habe man auch gute Chancen auf einen Gesamteinlauf.

Mit diesen Gedanken passierte ich nach 6:34 Stunden die Marathonmarke. Da ich mit zehn Stunden Laufzeit gerechnet hatte, immer noch okay. Ich verpflegte mich am vierten Posten bei Heinrich und bog dahinter bei Kilometer 45 auf eine Landstraße ab. Das Belaufen von Straßen kann bei so einem Lauf nicht verhindert werden. Doch heute machte mich diese Straße fertig und das ständige Beiseitetreten, wenn ein Auto mir entgegenkam. Mein Tempo sank, meine Moral auch.

Am Abend vor der ersten Etappe beim gemeinsamen Nudelessen kam Günter zu Anja und mir und wir unterhielten uns eine Weile. Er erzählte von seinen Lauferfah-rungen und davon, dass er einen Deutschlandlauf schon als Gesamtzweiter beendet hat, aber auch schon einen abbrechen musste. Sei dir sicher, sagte er, die vorne quälen sich genauso wie die hinten.

In gewisser Weise mag das ein Trost sein. Aber Günter hat die heutige Etappe als Zweiter beendet und war über vier Stunden vor mir im Ziel. Selbst wenn er sich genauso gequält hat, er hat es vier Stunden lang weniger getan und konnte sich vier Stunden länger ausruhen.

Den letzten Verpflegungspunkt erreichte ich nach 52 Kilometern und kurz nach mir kam auch Joachim. Seine Uhr zeigte neun Kilometer mehr an als meine. So weit hatte er sich also verlaufen. Aber er war gut drauf und ich gönnte es ihm von Herzen. Wenn es den anderen besser geht, so wie ihm und so wie heute auch Rainer und Uli, so wird der Tag, an dem es mir wieder besser geht, auch bald kommen. Ich hatte doch erwartet, dass Tag 2 und 3 beson-ders hart werden.

Die Kilometer bis Bad Segeberg nahmen aber kein En-de. Das war allerdings auch nicht verwunderlich, wenn man zehn Minuten für einen Kilometer braucht. Ich er-reichte Kilometer 60 und war trotzdem stolz. Wie oft läuft man schon 60 km? Ich beschloss, durch die Stadt nur noch zu gehen, kam ja ohnehin laufend nicht schneller vorwärts und außerdem die Bordsteine kaum noch hoch und runter. Zehn Stunden waren übrigens zu diesem Zeitpunkt schon längst vergangen. Vorbei an Möbel Kraft ging es dann einmal links ab und schließlich sah ich Cornelia an einer Ecke stehen. Der letzte Kilometer, sagte sie. Ich versuchte noch mal zu laufen, aber es ging nicht mehr. Die anderen saßen auf Bierbänken vor der Halle und klatschten, als ich kam. 10:42 Stunden. Beim Ausziehen und auf dem Weg zur Dusche sah ich und merkte ich, dass mein rechter Knöchel ganz ordentlich geschwollen ist. Außerdem ist die linke Achillessehne gereizt. Ich habe gerade enorme Zweifel an allem. Aber wir haben eine große Halle, viel Abstand und vielleicht kann ich mich gut erholen.

Dein S.

4. Etappe (Mittwoch, 25. August 2021)
47,3 Kilometer von Bad Segeberg nach Trittau in 7:54 Stunden (Marathonzeit 7:00 Stunden)

Lieber B.!

Was soll ich Dir über diese Etappe schreiben? Es war die kürzeste; ich werde am wenigsten schreiben.

Die Nacht war mal wieder bescheiden. Obwohl ich einen Platz in einer Ecke hatte und etwas abseits lag, schlief ich extrem unruhig. Zum einen hörte ich trotzdem die Schnarchenden, zum anderen waren irgendwelche Bewegungsmelder defekt und zwischen 21 und 5 Uhr war die Halle dreimal hell erleuchtet. Außerdem war meine Matte zu kurz, und mit den lädierten Füßen stieß ich immer wieder auf den Boden. Man ist dann froh, wenn die Nacht endlich vorüber ist, doch erholt ist man nicht.

Aber die Stimmung beim Start war gut. Knapp 48 Kilometer, kaum mehr als ein Marathon. „Was machen wir nur mit all der Zeit, wenn wir so früh im Ziel sind?" fragten sich einige.

Ich rechnete mit acht Stunden Laufzeit. Sechs Kilometer in der Stunde waren realistisch und vielleicht das richtige Tempo, um die Füße wieder auf Vordermann zu bringen.

So waren nach fünf Kilometern alle anderen meinem Blick entschwunden. Aber ich blieb in dem Tempo, was ich erhofft hatte und würde ja wenigstens irgendwann unsere Frühstarterinnen einholen, von denen heute wieder alle drei dabei waren. Am zweiten Verpflegungspunkt bei Kilometer 20 sagten mir dann auch Brigitte und Joachim, dass die drei vor etwa fünf Minuten von hier losgelaufen seien. Außerdem verwies Joachim darauf, dass wir jetzt gleich auf eine 14 Kilometer lange ehemalige Bahntrasse einbiegen würden. Wie erholsam war das! Endlich mal kein Asphalt! Hier erblickte ich dann auch die drei Frühstarterinnen, doch ich kam kaum näher. Erst zwischen Kilometer 28 und 33 überholte ich sie, gerade als wir die Bahntrasse schon wieder verließen.

Auf einem Hinweisschild für Fahrradfahrer las ich dann, dass es geradeaus noch neun Kilometer bis Trittau sind. Aber ich musste nach links abbiegen. Laufen wir einen Umweg, damit wir auf eine Ultradistanz kommen und nicht schon nach 42 Kilometern im Ziel sind?

Ich bestritt diese Kilometer fast nur noch gehend, denn das war annähernd so schnell wie laufen. Auch mein Knöchel schmerzte wieder genauso wie gestern nach 45 Kilometern. Glücklicherweise bogen wir noch einmal von einer Straße in einen Wald ab, wo ich auch an den letzten Verpflegungspunkt kam. Heinrich sagte, dass er schon fast nicht mehr mit mir gerechnet hatte. Die Sache mit meinem geschwollenen Knöchel hatte sich schon herumgesprochen. Ich sagte, dass es noch einigermaßen geht und machte mich, bevor die drei Frauen kamen, auf den weiteren Weg. Ich hatte weiter starke Schmerzen und ging die letzten drei Kilometer auf einem Radweg neben einer Landstraße und dann durch Trittau hindurch komplett. Aber ich erreichte mein Ziel und blieb mit 7:54 Stunden unter acht Stunden. So habe ich etwas mehr Zeit zum Ausruhen und die Tennishalle, unsere heutige Unterkunft, scheint mir dafür auch gut geeignet.

Dein S.

5. Etappe (Donnerstag, 26. August 2021)
52,0 Kilometer von Trittau nach Hohnstorf/Elbe in 9:43 Stunden (Marathonzeit 7:40 Stunden)

Lieber B.!

Ich bin immer als letzten auf den Beinen. Um fünf Uhr dreht jemand das Licht an und spätestens dann sind immer alle auf. Aber waschen, frühstücken und die paar Sachen wieder zusammenräumen dauert bei mir keine zwei Stunden. Deswegen liege ich meist noch eine Viertelstunde länger im Schlafsack so wie auch heute. Nach dem Waschen gehe ich erst zum Frühstück, so dass das Essen bis zum Start etwas sacken kann, und in dieser Zeit packe ich meine Sachen zusammen.

Aber heute um 6:10 Uhr kam plötzlich Thomas, der Organisator, und suchte mich. „Andreas F. startet heute um 6:30 Uhr mit unseren drei Frühstarterinnen. Willst du nicht auch mit ihnen laufen, du warst ja gestern eine halbe Stunde hinter den anderen?" fragte er.

Ich konnte schlecht „nein" sagen, auch wenn ich eigentlich immer ganz zufrieden war, wenigstens im Laufe des Tages die drei Frühstarterinnen einzuholen. Aber schon gestern hatte es ja ewig gedauert, bis ich sie eingeholt hatte und danach war ich kaum schneller als sie gewesen. Außerdem deprimierte es auch, beim Start um 7 Uhr gleich der Letzte zu sein und die anderen nicht mehr zu sehen, so wie es gestern nach fünf Kilometern war.

Dann aber wurde es hektisch. Umziehen und Sachen packen. Zeit, um den Akku der Uhr aufzuladen blieb nicht mehr. Ich stecke auch nur die Radflasche mit Wasser in den Rucksack, die ich dann beim ersten Verpflegungs punkt umfüllen wollte. Zeit, um Anja noch eine Nachricht zu schreiben, blieb auch nicht mehr.

Um 6:30 Uhr wurden wir auf die 5. Etappe, 52 Kilometer lang, geschickt. Ziel war heute in Hohnstorf an der Elbe. Wenn alles gut ging (wenigstens so wie gestern), rechnete ich mit neun Stunden Laufzeit und freute mich, dass Henrik im Ziel warten würde.

Wir gingen los. Andreas F., die drei Frauen Rosemarie, Edda und Sigrid und ich. Andreas F. wollte wirklich erstmal nur gehen und ich schloss mich ihm an. Beim späteren Start wäre ich sicherlich zu Beginn erstmal wieder gelaufen und hätte es wahrscheinlich bereut. So gingen wir und brauchten für die ersten fünf Kilometer 51 Minuten. Das waren auch nur drei Minuten mehr als gestern zu Beginn und lag immer noch im erforderlichen Schnitt von 5,5 Kilometern pro Stunde. So musste ich eigentlich nur durchhalten.

Die drei Frauen waren uns zu diesem Zeitpunkt schon voraus. Wahrscheinlich waren sie angespornt dadurch, dass sie einmal nicht allein ihr Rennen liefen. Denn irgendwo ist und bleibt es ein Wettkampf und man will immer schneller als der andere sein. Wenn es auch ein sehr bescheidenes Niveau ist.

Wir bogen dann auf eine Landstraße ab, auf der wir wieder auf der linken Spur den Autos entgegenliefen. Das sind immer die unschönen Momente, aber sie lassen sich eben nicht vermeiden. Ich sagte Andreas F., dass ich versuchen will, ein paar Meter zu laufen, um den Abschnitt schneller hinter mich zu bringen. Er wünschte viel Glück. Aber mein Unterfangen war schon nach wenigen Metern beendet. Die Fußschmerzen waren zu groß und das Tempo kaum höher, so dass Andreas F. nach 200 Metern quasi immer noch direkt hinter mir war.

Inzwischen hatten uns auch schon die ersten der Spätstarter überholt. Günter, Michael, Frank, dann Rafael, der von vorneherein nur für die ersten fünf Etappen gemeldet hatte und nun seine letzten Meter hoffentlich genoss. Anschließend kam Anton, ein blinder Läufer, zusammen mit Martin, der ihn begleitete. Sie wirkten auf mich immer am mühelosesten. Dann folgten Gündi, Andreas R., Georg, Madeleine, Andreas A., Karina, Cornelia und Bernd.

Schließlich erreichte ich auch den ersten Verpflegungspunkt nach elf Kilometern. Die Zeit war okay. Wenn ich so durchgehe, bleibe ich im Soll, dachte ich. Dann kann ich vielleicht morgen oder in den folgenden Tagen wieder etwas besser mit den anderen mithalten. Also gingen Andreas F. und ich wieder mehr oder weniger gemeinsam, doch jeder war jetzt auch mit sich und seinem Schicksal beschäftigt. Joachim, Ulrich und Rainer waren die nächsten, die uns überholten und so waren wir nun Letzter, dachte ich zumindest.

Bei Kilometer 15 schmerzte mein rechter Knöchel wieder so sehr, dass ich beschloss, meine Einlage aus dem Schuh zu nehmen. Soll die Hüfte schmerzen, wenn es dem Knöchel hilft. Tatsächlich hatte ich auf den nächsten Kilometern den Eindruck, dass der Druck auf den Knöchel etwas nachließ. Aber der Schmerz wanderte jetzt ins Schienbein. Naja, dachte ich, soll er von dort bis in den Kopf steigen und dann habe ich es hoffentlich irgendwann hinter mir.

Andreas F. blieb zurück, als wir auf einem nicht gepflasterten Radweg den Schildern in Richtung Elbe-

Lübeck-Kanal folgten. Es war angenehmer auf dem weichen und sandigen Boden und ich versuchte noch einmal, ein paar Meter zu laufen. Es schmerzte aber weiterhin zu sehr, so dass ich gehend besser und kaum langsamer vorankam. Also rief ich Anja an und wir telefonierten, nachdem die Morgennachricht ausgefallen war. Jetzt hatte ich dafür Zeit und war immer noch guter Dinge. Ich muss heute nur in diesem Tempo durchkommen und dann kann ich bestimmt bald wieder mit den anderen mithalten, sagte ich auch ihr.

Beim zweiten Verpflegungspunkt waren wenigstens noch Rainer und eine Frühstarterin in Sichtweite. Außerdem stellte ich erstaunt fest, dass Cornelia mit Andreas F. zusammen auftauchte. Ich ging schon weiter, als Andreas F. plötzlich loslief, sagte, dass es ihm besser geht und er jetzt noch mal gucken will, was geht. Cornelia hatte sich verlaufen, war deshalb wieder hinter mir und beschloss, nun bei mir zu bleiben. Sie sagte, meine Eltern hätten sie beim 100-Meilen-Lauf auf dem Mauerweg bei ihren vier Teilnahmen immer so gut unterstützt, dass sie etwas zurückgeben möchte. Ehrlich gesagt, ich war erstmal gar nicht so begeistert. Lass mich allein in meinem Trott und meinem Elend. Aber Cornelia hat genügend Erfahrung. Sie wusste, man muss nicht nebeneinander herlaufen. Oft war sie ein Stück voraus, wartete dann oder ließ sich auch mal zurückfallen, wenn sie sich zum Beispiel an einem Brombeerstrauch zu schaffen machte.

Leider nahm mein Tempo weiter ab. Ich war gerade noch mit 5,5 Kilometern pro Stunde unterwegs. Außerdem nahm jetzt mit jedem Schritt der Schmerz zu. Manchmal blieb ich stehen und dehnte. Dann war der Schmerz zwar

130

zu ertragen, aber das Losgehen funktionierte fast gar nicht mehr. Ich schrieb Dir in der Vorbereitungsphase, dass ich so lange weiter mache, bis ich aus dem Zeitlimit falle. Jetzt ging es um nichts anderes mehr. Ich war hier mit 46 Jahren der drittjüngste Starter. Vier über 70jährige waren mir voraus. Ich weiß gar nicht, wie viele über 60 sind. Das ist natürlich auch nicht wichtig. Aber die Moral bricht, wenn dir alle voraus sind und du gar nicht weißt, ob du ein Limit halten kannst, das dir vorher so unglaublich großzügig erschien.

Nach 26 Kilometern erreichten wir den Elbe-Lübeck-Kanal. Nun ging es auf Kieswegen fast die komplette zweite Hälfte bis ins Ziel weiter. Ich freute mich und hoffte, dass es vielleicht ein bisschen besser ginge als auf dem Asphalt vorher. Zwei, dreimal versuchte ich es mit Laufen. Es war ein kurzer Hoffnungsschimmer. Nichts ging besser. Nichts wurde besser.

Für einen kurzen Moment wurde ich beim dritten Verpflegungspunkt nach 32 Kilometern noch mal optimistischer. Andreas F. saß dort im Auto und hatte das Rennen aufgegeben. Es ging noch mal fünf Kilometer besser, sagte er. Dann war es wieder vorbei. Er möchte sich lieber erholen und nach zwei Tagen Pause weiterlaufen. Außerdem sagte man uns, dass Christian noch hinter uns wäre. Stimmt, dachte ich, er hatte mich nicht überholt. Gestern Abend humpelte er genauso durch die Halle wie ich und hatte die gleichen Probleme mit dem Knöchel.

Ich erreichte Kilometer 33 nach 5:52 Stunden. Bei 5,5 Kilometern pro Stunde wäre das Limit hier also sechs Stunden. Weiter im Soll, aber weiterhin stetig steigende Schmerzen. Ich entschied mich dafür, die Einlage wieder in den Schuh zu legen. Wieder eine Minute ein besseres Gefühl, danach wieder steigende Schmerzen. Ich versuchte, mich auf anderes zu konzentrieren, dachte an Anja, an Zuhause, an Henrik, der im Ziel vielleicht schon wartet, an meine Eltern, die in vier Tagen im Ziel warten wollen. Aber der Schmerz war größer und stärker. Er zog durch den Fuß und das Schienbein hoch. Bei jedem Schritt. Tausendmal auf zwei Kilometern und 20 Kilometer lagen noch vor mir.

Cornelia blieb tapfer in meiner Nähe und versuchte mich aufzumuntern. Heute früh hatte ich noch schnell den Rat einiger befolgt und meine Socke quer aufgeschnitten, damit der Knöchel frei liegt. Jetzt suchten Cornelia und ich einen Stein und mit der scharfen Kante des Steins schnitt ich die Socke noch längs auf, so dass Luft ans Schienbein kam. Aber es war wieder nur eine Entlastung, die ungefähr eine Minute lang half.

Es half jetzt also nichts mehr außer einem Wunder. Ich musste mich ins Ziel retten, dann das Schienbein mit Eisbeuteln umwickeln und hoffen und beten, dass es morgen nur ein kleines bisschen besser geht.

Ich erreiche die Marathonmarke nach 7:40 Stunden. Vor zwei Jahren lief beim Berlin-Marathon der letzte Läufer nach 7:26 Stunden durchs Ziel. Das hatte ich in den letzten Tagen noch unterbieten können, heute aber nicht mehr. Und den fünften Tag nacheinander war meine Marathon-Durchgangszeit schlechter geworden. Ich freute mich auf den Tag und die Etappe, wenn die Zeit wieder schneller sein würde. Allerdings fiel mir der Glaube daran in diesem Moment sehr, sehr schwer.

Dann schaute ich nach vorne und sah einen Radfahrer, und es war Henrik. Gerade inmitten meiner schwersten Krise tauchte er auf und war bestimmt guter Dinge und freute sich, mich nun zwei Tage lang an der Elbe entlang zu begleiten. Doch bei Kilometer 44 fiel ich aus dem Zeitlimit. Ich erreichte diesen Punkt nach 8:01 Stunden. Ich war damit zwar nicht tatsächlich aus dem Rennen, denn das Limit wird großzügig ausgelegt. Aber meine letzte Hoffnung war so gut wie zerstoben.

Ich erzählte Henrik viel von meinem Leiden und dem heutigen Weg und wusste dabei, es liegen immer noch zehn Kilometer vor mir. Etwas Mut versuchte ich daraus zu schöpfen, dass er diesen Weg schon kannte. Einmal abbiegen, durch eine Baustelle hindurch, nach Lauenburg hinein, über die Elbe und schon bist du in Hohnstorf im Ziel, sagte er.

Aber bei der Baustelle mussten wir vom Deich runter und über eine Wiese zwischen Sträuchern hindurch und dann wieder auf der anderen Seite hoch. Ich fand keinen Halt, der Knöchel schmerzte so sehr, dass ich heulen wollte. Henrik, hinter mir, sagte später, dass er hier gesehen hatte, dass es im Grunde gar nicht mehr ging.

Cornelia, die treue Seele des Tages, wartete trotzdem auf der anderen Seite. Ich winkte, sie konnte weiter und ich trottete ihr weiter hinterher. Für den Fünf-Kilometer-Abschnitt bis Kilometer 50 benötigte ich mehr als eine Stunde. Ich verlor also gnadenlos an Zeit. Aber ich konnte auch kaum noch einen Fuß vor den anderen setzen.

Schließlich erreichten wir Lauenburg. Noch etwa zwei Kilometer. Auf einer viel befahrenen Straße liefen wir rechts auf dem Bürgersteig. Hier durchzog ein stechender

Schmerz meinen rechten Fuß und das Schienbein. Ich musste stehen bleiben, ich konnte nicht mehr auftreten. Ich wusste, jetzt mache ich in meinem Körper etwas kaputt. Ich fing an zu heulen. Mein Deutschlandlauf war zu Ende. Kurz vor Ende der fünften Etappe. Nach etwa 281 Kilometern.

Ich sagte es Henrik, und ich rief Anja an. Ich heulte ins Telefon, während ich versuchte, den letzten Kilometer bis ins Ziel zu kommen. Ich glaube, sie hörte es mir an und dass es wirklich alternativlos war, wie Henrik später sagte. Der Fuß war kaputt.

Hinter der Brücke über die Elbe bogen wir rechts ab. Cornelia wartete ein letztes Mal auf mich. Ich sagte ihr auch hier schon, dass mein Lauf gerade zu Ende gegangen ist. Natürlich gingen wir trotzdem noch durchs Ziel. 52 Kilometer in 9:44 Stunden, was einem Schnitt von 5,24 Kilometern pro Stunde bedeutet.

Dein S.

Nachbetrachtungen

Berlin, den 12. September 2021

Lieber B.!

Die Prognose, die ich zu Beginn des Laufes hörte, war ja, dass bei 20 Teilnehmern wenigstens sechs nicht ins Ziel kommen werden. Wie ich geschrieben habe, hatte ich also die Hoffnung, so lange durchzuhalten, bis sechs andere aufgeben haben. Du kennst mich gut genug, dass Du weißt, dass ich es jedem gegönnt hätte und für mich nichts schöner gewesen wäre, wäre jeder ins Ziel gekommen. Aber man muss ja realistisch bleiben.

Da ich in meinen Berichten über die Etappen einige Namen erwähnt habe, möchte ich es nun noch einmal machen, weil ich jeden weiteren Lauftag in Gedanken bei ihnen war und gehofft habe, dass sie mehr Glück haben als ich. Aber nach Sigrid, Cornelia und Andreas F., die vor mir aussteigen mussten, kam leider Corinna schon einen Tag nach mir nicht mehr ins Ziel. Danach erwischte es Joachim, Andreas R., Rainer, Edda, Rosemarie, Ulrich und Andreas A. Somit blieben sieben Läufer und eine Läuferin, die gestern auch die 21. Etappe in Lörrach beendet haben.

Herzlichen Glückwunsch Euch! Ich beneide Euch!

Werde ich Euch eines Tages nachfolgen?

In der ersten Woche war ich mir sehr sicher, dass ich an so einem Lauf nicht noch einmal teilnehmen muss. Scheitert man bei anderen extremen Herausforderungen wie dem Triple-Ultra-Triathlon oder bei einem 100-Meilen-Lauf, kann man es im folgenden Jahr wieder versuchen. Das ist vom finanziellen und zeitlichen Aufwand zu rechtfertigen. Aber an einem dreiwöchigen Deutschlandlauf kann man, abgesehen davon, ob es überhaupt das Angebot gibt, nicht jedes Jahr teilnehmen. Wenn allerdings Zeit, Ort, Gelegenheit passen, möchte ich mittlerweile nicht ausschließen, dass ich Dir irgendwann noch einmal darüber berichte.

Dein S.

Berlin, den 14. September 2021

Lieber B.!

Die Frage, was ich besser hätte machen können, hat mich natürlich noch sehr lange beschäftigt. Heute weiß ich die Antwort: nichts.

Ich war heute beim Orthopäden, habe ihm vom Lauf erzählt und wie sich die Probleme, weshalb ich im Mai schon bei ihm war, entwickelt haben. Wahrscheinlich hätte ich damals schon das Bein ruhiger stellen sollen, sprich eine längere Trainingspause machen müssen. Außerdem hätte ich schon damals meine Einlage weglassen sollen. Doch ich war daran gewöhnt und bin ja auch unter Belastungen, wie an meinen drei Tagen auf dem Fläming-Skate damit zurechtgekommen. Diese Umstellung muss wohl längerfristig erfolgen. Nach 20 Jahren mit einer ein Zentimeter hohen Einlage, die wahrscheinlich schon lange nicht mehr nötig ist, da wird wohl das Bein in die andere Richtung erstmal verzogen werden müssen.

Eine längere Trainingspause hätte ich, so denke ich, mental nicht verarbeitet. Ich habe ohnehin schon weniger trainiert, als ich mir vorgenommen hatte und einige Einheiten, die besonders hätten sein sollen – wie ein Lauf um die Müritz beispielsweise – auch gar nicht gemacht. Noch weniger Training, da hätte ich bei den ersten Problemen gleich gedacht, dass ich mich darüber nicht wundern muss, da ich ja nicht richtig trainiert habe.

Allerdings glaube ich auch, dass es kein richtiges Trainingskonzept für solch einen Lauf geben kann. Da spielt schon viel Glück für eine perfekte Zeit mit. Zumindest von zweien, die den Lauf nach mir noch aufgeben mussten, weiß ich, dass sie es schon ein- beziehungsweise zweimal versucht haben und da eben auch nicht ins Ziel kamen. Die Erfahrung also bringt dir hier relativ wenig.

Dein S.

Berlin, den 20. September 2021

Lieber B.!

Wovon ich Dir jetzt noch gar nicht geschrieben habe, ist, dass Anja und ich in der letzten Woche des Deutschlandlaufes mit dem Wohnmobil nach Amsterdam, Alkmaar und an die niederländische Nordseeküste gefahren sind. In Amsterdam, zehn Tage nach meinem Ausscheiden, lief ich das erste Mal wieder und zwar sechs Kilometer in einem Schnitt von knapp über sechs Minuten pro Kilometer. An der Nordsee lief ich dann zwei weitere Male etwa sechs Kilometer sogar noch ein bisschen schneller. Zurück in Berlin lief ich in diesem Tempo zweimal elf Kilometer und gestern einen Halbmarathon. Heute habe ich die Hoffnung, kommenden Sonntag dann den Berlin-Marathon in 4:20 Stunden zu laufen. Das wäre in etwa genauso schnell wie mein bester Trainingsmarathon in diesem Jahr, den ich im April in 4:22 Stunden lief.

Ich habe mich, während ich Dir schrieb, oft gefragt, ob ich zu viel über Lauftempo und Zeiten schreibe. Vielleicht langweilt es Dich und vielleicht ist es auch überflüssig im

Hinblick auf einen dreiwöchigen Etappenlauf mit 1.300 Kilometern Länge so viel darüber nachzudenken. Im Nachhinein kann ich aber feststellen, dass eben das Absinken meines Leistungsniveaus schon darauf gedeutet hat, dass dieser Lauf viel schwieriger wird als ich irgendwann einmal dachte.

Von einigen Läufern, die die drei Wochen durchgehalten haben, weiß ich, dass sie nahezu jede Woche einen Marathon in vier Stunden laufen. Vor etwa fünf bis zehn Jahren hatte ich auch so eine Phase, möchte ich behaupten, in der man mich nachts hätte wecken können und ich wäre einen Marathon in etwa vier Stunden gelaufen. Dieses Niveau war mir schon vor 2019 etwas abhanden gekommen, aber mit der Depression und mit dem Burnout war es vollkommen verschwunden. Oft habe ich daran gedacht - in der Vorbereitung, aber auch während des Laufes -, dass ich im Januar 2020 einmal zu unserer 200 Meter um die Ecke gelegenen Post gehen wollte und an der Ecke stehen bleiben musste, weil ich einfach nicht weiter konnte. Ich stand einfach nur zitternd da. Insofern kann ich diesen letzten Brief an Dich in Bezug auf meinen Deutschlandlauf 2021 mit einem Zitat beenden, dass mir Anjas Tochter aufgeschrieben hat, als ich vom Lauf nach Hause kam. Es ist von Marianna Jermakova und lautet: „Sei stolz auf Dich! Niemand außer Dir weiß, wie viel Kraft, Tränen, Mut und Vertrauen es Dich gekostet hat, dort zu sein, wo Du jetzt bist."

Dein S.

Lorenz Paul

Anders

„Erinnerung kommt ja immer mit. Erinnerung bleibt
nicht in der Vergangenheit. Sie bleibt nicht dort, wo sie
hingehört. Und wenn man sie irgendwann wieder vor
Augen hat, ist man über ihre Wirklichkeit erstaunt."

Lorenz Paul *Anders* im Buchhandel erhältlich.

ISBN 9783753424965